Jean-Baptiste et Nicole PRADES

Le grand livre des légumes oubliés

Éditions RUSTICA

Remerciements

Nous remercions toutes les personnes qui œuvrent dans le sens du respect de la nature, mais il faudrait trop de place pour les nommer toutes, aussi ne citerons-nous que Victor Renaud, à qui nous disons un grand merci pour les motivations qu'il a suscitées en nous à la suite de notre rencontre et de notre collaboration pendant plus de 10 ans.

Un grand merci également à :

Tous ceux qui nous soutiennent : nos proches, nos amis...

Ceux qui nous aident avec leurs mains et leurs outils : Marcel et Marie-Louise Prades, Bernard Malpiece, Raymond Saugues, Paul Olivain, Robert et Guy Gardes, et bon nombre d'autres personnes.

Bertrand Vissac, avec qui nous avons de longues discussions sur tout ce qui concerne l'environnement et la société.

Ceux qui nous aident par leurs dons de semences, de plans et d'amitiés : A. Ducrettet, les graines Baumaux, la Ferme de Sainte-Marthe, Ducrettet Colegrave, l'association Kokopelli, les pépinières Éric Dumont, Arnaud Maurières et Éric Ossart, Les pépinières Delbard, et tous les amis collectionneurs (fort nombreux).

Un grand merci à tous ceux qui nous comprennent et qui nous aident.

Dépôt légal : novembre 2000
ISBN : 2-84038-339-X
N° d'éditeur : 48273
Premier tirage : novembre 2000

Sommaire

Préface

Raviver la mémoire de nos palais… ravis ! Voilà un bien louable chantier de réhabilitation que celui entrepris par nos amis Nicole et Jean-Baptiste Prades, en vue d'une finalité plus probante encore : achever un ouvrage à propos de tous ces légumes remarquables, qualifiés curieusement d'oubliés par notre époque sans mémoire ! Car c'est bien elle l'oublieuse de tous ces légumes différents, pas encore standardisés par les contingences commerciales du moment, ces légumes si complémentaires au plan nutritionnel, ces légumes aux couleurs multiples de nos terroirs, de la douceur à la rudesse des sols, des reliefs contrastés, des climats nuancés qui ont assuré leur solide promotion locale.

Mais, brusquement, quelle réduction plus que drastique nos potagers ont-ils subie, au cours des dernières décennies, quant au nombre d'espèces légumières produites !

Malgré l'apport conséquent des légumes « exotiques », originaires des Amériques, tout au long des cinq derniers siècles (tomates, aubergines, poivrons, melons, haricots, potirons, pommes de terre…), ils comptent aujourd'hui vingt fois moins d'espèces que les cultures vivrières du début du néolithique (invention de l'agriculture, – 7300 à – 5000 ans avant notre époque, selon les régions d'Europe considérées).

Pourtant, à la fin du Moyen Age, les jardins familiaux d'Europe cultivaient couramment 75 plantes potagères, valorisées par leurs consommateurs comme légumes à part entière.

En Chine, au début du XXe siècle encore, 1 850 plantes servaient communément de légumes (soit près de 6 % des 33 000 végétaux supérieurs recensés dans les provinces chinoises). Là-bas, comme chez nous, la frontière entre plantes « sauvages » et légumes « cultivés » correspond également à une distinction tout à fait récente.

En début de période printanière, beaucoup de ruraux appréciaient (et apprécient toujours !) les légumes sauvages, de croissance précoce, rompant heureusement avec les légumes secs, ou de conservation aisée, valorisés pendant la morte-saison. Pensons aux multicolores ensaladas campanelas de fin d'hiver, en Languedoc et basses Cévennes, si riches en espèces sauvages de cueillette traditionnelle.

Partons à la découverte, avec Nicole et Jean-Baptiste Prades, des innombrables qualités de ces « nouveaux légumes anciens » et des manières exquises de les accommoder ! De fait, cette diversification alimentaire, cette redécouverte bénéfique ne saurait se borner à l'identification, à la connaissance basique de ces surprenants légumes. Ce travail de recherche entrepris par les auteurs est jalonné de trouvailles originales, de succulentes recettes, ajustées à la perfection aux particularités de ces étonnants légumes.

Christian Giroux, botaniste ardéchois

Avant-propos

Dans notre société moderne où les marchés regorgent de produits, de légumes et de fruits à des prix concurrentiels, le jardin doit avoir une autre dimension et d'autres buts. À l'évidence, il ne représente plus aujourd'hui un outil de production capable de « nourrir la famille », mais un instrument de diversion à notre travail : il nous rapproche de cette nature apaisante qui nous fait de plus en plus défaut à mesure que l'urbanisation se fait plus pesante.

Dans le jardinage, nous recherchons davantage une tranquillité, une qualité de vie et, par la même, de produits. Cette recherche d'osmose avec notre environnement proche nous permet de retrouver un calme, une sérénité disparus, oubliés avec le rythme trépidant et les contraintes du monde qui nous entoure, ce monde qui nous pousse de plus en plus à faire abstraction de la sensibilité et des sentiments. Notre jardin devient alors une oasis de fraîcheur et de réconfort.

Dans cet esprit, nous n'avons pas traité nos « légumes retrouvés » sous un nom générique mais au travers de variétés dites « anciennes » qui sont souvent des repères de notre passé. En renouant avec ces compagnons d'antan, de notre enfance, ce sont nos propres racines que nous retrouvons. Cette quête répond à la même démarche que celle qui nous fait rechercher nos ancêtres au travers d'un arbre généalogique : c'est une nécessité, pour notre devenir, que d'avoir de profondes racines, des repères du passé ; ainsi pourrons-nous nous tourner vers l'avant mais sans oublier le vécu.

Nous avons tenté de décrire ces « légumes » en quelques lignes, le plus simplement possible, en indiquant pour chacun d'eux une ou des méthodes de culture, leur récolte et utilisation ; malheureusement, nous ne pouvions parler de tous. Nous avons volontairement oblitéré l'énoncé des maladies et des traitements, ne mentionnant que ce qui est primordial : votre observation quotidienne et votre sensibilité retrouvée vous permettront d'apporter les bons remèdes, les bonnes solutions.

Çà et là, des recettes faciles à réaliser vous donneront l'envie d'aller plus loin dans l'utilisation de ces légumes anciens, de créer avec votre sensibilité et vos goûts, de chercher d'autres applications à ce qui occupera, désormais, une partie de votre jardin. Il s'agit d'une invitation à la découverte, avec sa part de rêve.

L'aspect essentiel et passionnant de ce type de jardin est la rencontre de plantes inhabituelles ou amusantes, sortant de l'ordinaire par leur aspect, leur forme, leur saveur, leur couleur et leur passé parfois anecdotique. Autant de pistes qui nous relient souvent directement à nos souvenirs d'enfance.

Où est la limite entre plante sauvage et plante cultivée ? Elle est souvent floue, car une plante cultivée d'aujourd'hui peut devenir une plante sauvage de demain. Les

« mauvaises herbes » sont-elles vraiment mauvaises ? Elles ne le sont sûrement pas, mais elles ne se trouvent pas où l'on voudrait qu'elles soient.

L'art du jardin, c'est aussi être capable d'identifier les légumes cultivés dès leur « naissance », afin de ne pas les arracher à tort, mais aussi de bien connaître les plantes sauvages environnantes.

Labours d'automne, labours de printemps, labours tardifs, profonds, peu profonds..., il n'y a pas de règle absolue, tout dépend de ce que nous voulons faire et obtenir. Pour notre part, nous pratiquons très souvent des labours tardifs avec couverture du sol, car ils permettent la reproduction de plantes rares, par le semis spontané qui réussit bien mieux.

Nous pourrions opposer bon nombre d'arguments à ce qui est souvent dit ou écrit, sans fondement logique, au sujet de problèmes simples. Ainsi préconise-t-on régulièrement d'enlever les cailloux plus ou moins nombreux présents dans la terre du jardin, ce qui est pour nous une erreur grossière ; c'est en effet ôter au sol un apport important de chaleur (les pierres emmagasinent de la chaleur le jour et la restituent la nuit), une aération et un drainage pour n'offrir que de meilleures conditions de travail du sol. De même, lorsqu'on conseille de supprimer les feuilles des tomates tout en expliquant qu'il faut placer les fruits dans du papier afin qu'ils mûrissent plus vite, il y a forcément une contradiction flagrante (le mûrissement est un état de développement, pas une séance de « bronzage »). Il faut cesser de diriger la nature sans laisser le temps de la réflexion, de l'analyse, de l'expérimentation. À chacun de rechercher les solutions qui conviennent le mieux aux problèmes qui vont se poser à un moment donné.

Le cardon 'Argenté de Plainpalais' est apprécié au jardin d'ornement comme au potager.

Les plus graves problèmes de maladies ou d'attaques de prédateurs semblent provoqués par la monoculture intensive. Le monde végétal est capable de s'autoprotéger par sa diversité, il ne faut pas oublier que « l'instinct » d'une plante est essentiellement d'assurer et de préserver sa descendance.

Le choix de la meilleure variété dépend du terroir.

L'association de certaines plantes, les combinaisons d'espèces et de variétés, éloignent souvent les prédateurs ; elles s'apportent, s'échangent des éléments nutritifs et de défense et permettent ainsi d'obtenir de meilleurs rendements.

Quelle est la meilleure variété de tel ou tel légume ? Il y a en réalité plusieurs réponses à cette question, en effet, selon les régions où ils sont cultivés les légumes peuvent avoir des goûts différents, et les consommateurs les apprécient chacun à leur manière. Comme pour la vigne, il existe des terroirs pour les légumes, ce qui est mis en évidence pour les variétés qui ont obtenu une AOC.

Nous ne recherchons pas le rendement, mais la qualité dans la diversité, l'originalité, la liberté.

Conserver et protéger notre patrimoine végétal n'est pas une attitude rétrograde qui s'érige contre le progrès, mais bien une démarche qui peut permettre d'aller plus loin pour un progrès social plus naturel, basé sur le bon équilibre de toutes les choses.

Le plus important conseil que je donnerai c'est de jardiner avec votre cœur, un cœur gros comme le monde ou même davantage !

Agastache rugosa

Agastache rugosa (Kuntze) (famille des Lamiacées)

Originaire d'Extrême-Orient, probablement de Corée, cette plante s'élève jusqu'à une hauteur de 1,50 m et se développe en touffe. Elle présente des tiges à section carrée. Les feuilles, vertes, souvent légèrement violacées au printemps, sont allongées, arrondies côté pétiole, pointues à l'extrémité, rugueuses et dentelées ; elles sont opposées et mesurent jusqu'à 10 cm de long pour 5 cm de large. Les fleurs bleu lavande sont disposées en épis (d'où le nom de la plante, du grec *agan* : beaucoup, et *stachys* : en épis) longs de 6 cm à plus de 15 cm. Elle fleurit de juillet à octobre et dégage une forte odeur d'anis et de réglisse. Cette plante vivace ne craint pas le gel (jusqu'à – 30 °C), mais n'aime pas les sols trop humides. Très mellifère, elle donne en grande quantité un excellent miel. Elle possède en outre des vertus médicinales assez extraordinaires : c'est un reconstituant de santé, antiseptique et antivirus ; on l'utilise contre les vertiges, les diarrhées, les gastro-entérites, l'angine de poitrine, la fièvre (la pharmacopée chinoise l'emploie beaucoup séchée).

Culture

À partir de février, effectuez un semis dans des bacs à l'intérieur. Lorsque les plantules ont 2 feuilles, repiquez-les dans des godets de 7 ou de 9 et gardez-les à l'intérieur jusqu'à ce que les plants mesurent 10 à 12 cm. Mettez-les alors en place, espacés de 50 cm en tous sens, dans un endroit où vous pourrez les laisser plusieurs années.
Vous pouvez aussi bouturer à l'intérieur : coupez des extrémités de tiges de 5 à 8 cm de long, recoupez nettement leur base et supprimez les feuilles inférieures, puis enfoncez-les de 3 à 4 cm en terre. Pour une bonne reprise, il faut une température de 20 à 25 °C et un air environnant humide (installez-les près d'un radiateur). Repiquez les plantes bien enracinées et qui ont au moins 12 cm. Pincez les tiges pour étoffer la plante plus rapidement.
Divisez les touffes au mois de juin, lorsque la chaleur est de retour, et arrosez suffisamment mais sans excès. N'oubliez pas que les agastaches aiment les terrains riches en humus, bien drainés, ensoleillés.

Récolte et conservation

Les tiges, feuilles et fleurs se récoltent au fur et à mesure, selon les besoins : jeunes, les feuilles et les tiges sont plus tendres et sucrées. Vous les conserverez quelques jours en mettant les tiges dans l'eau. Vous pouvez aussi faire sécher les feuilles et les fleurs à l'ombre et les conserver entières, au sec, dans des sacs de papier ou de tissu ou bien réduites en poudre, dans des bocaux fermés hermétiquement.

Utilisation

On peut en faire d'agréables infusions chaudes ou glacées. Les feuilles peuvent être ciselées dans les salades de fruits, entrer dans la confection de salades composées, servir à parfumer des plats (surtout à base de poissons) ainsi que des crèmes aux œufs. Préparées en beignets, elles accompagnent le poisson.

Les conseils du jardinier

- *Un godet de 7 est un godet qui mesure 7 cm de côté et de hauteur.*
- *Il existe d'autres variétés très proches et un bon nombre d'hybrides récents.*
- *Certaines autres variétés ont un parfum plus mentholé et parfois des fleurs blanches, comme* Agastache *fœniculum* 'Alabaster'.

Filets de sole, beignets et beurre d'agastache

Préparation : 50 min

Cuisson : 40 min

Ingrédients (4 personnes)

12 filets de sole, 100 g de beurre, sel, poivre noir, 30 feuilles et 4 sommités fleuries d'agastache
Pâte à beignets :
90 g de farine, 50 g de beurre, 1 œuf, 6 cuillères à soupe d'eau, huile de friture

• Rincez à l'eau fraîche les filets de sole, épongez-les, roulez-les et maintenez-les avec de petites piques en bois. Faites cuire ces « roulades » à la vapeur pendant 10 min et maintenez au chaud.

• Dans une casserole, faites fondre 50 g de beurre. Préparez la pâte à beignets en mélangeant, dans un petit saladier, la farine, le jaune de l'œuf (réservez le blanc), le beurre fondu, l'eau, du sel et du poivre, jusqu'à obtention d'une pâte lisse. Réservez.

• Pendant ce temps, lavez et ciselez finement 10 feuilles d'agastache. Dans une autre casserole, à feu doux, jetez 100 g de beurre et faites fondre, sans bouillir, en fouettant. Ajoutez l'agastache ciselé et laissez infuser hors du feu, en remuant de temps en temps ; réservez.

• Faites chauffer l'huile dans une poêle ou une friteuse. Rincez les 20 feuilles d'agastache restantes, essuyez-les. Battez le blanc en neige et ajoutez-le délicatement à la pâte à beignets.

• Plongez successivement toutes les feuilles dans la pâte et faites-les frire 1 à 2 min ; égouttez sur du papier absorbant. Réchauffez le beurre d'agastache (sans laisser bouillir).

• Servez sur des assiettes chaudes : disposez 3 roulades au centre, intercalez 5 beignets, coulez un cordon de beurre d'agastache et décorez d'une sommité fleurie.

Ail des ours

Allium ursinum (Linné) (famille des Alliacées)

Cette plante vivace, herbacée, est originaire d'Europe et d'Asie. Haute de 10 à 40 cm, elle vit dans les sous-bois et les endroits humides. Deux ou trois feuilles ovales lancéolées (larges de 3 à 6 cm), longuement pétiolées, de couleur vert foncé, brillantes dessus, partent d'un bulbe blanc très allongé. La hampe florale, aplatie d'un côté, arrondie et anguleuse de l'autre, dépasse les feuilles ; elle porte une ombelle composée de fleurs blanches à 6 pétales. Les graines noires sont contenues dans une capsule à 3 loges. Très proche de l'ail commun, cette plante a les mêmes usages ; elle soigne entre autres les maux de gorge, les bronchites, et semble posséder des propriétés digestives. Elle se cultive facilement.

Récolte et conservation

La partie aérienne se récolte essentiellement au printemps, lorsque la plante est en bouton ou en fleur. Le bulbe peut se récolter un peu plus longtemps ; cependant, c'est au printemps qu'il est le meilleur (du 15 avril au 15 juin). Consommez-le rapidement, sa conservation se limite à 1 semaine au maximum, au frais. Vous pouvez éventuellement le préparer en mélange avec du beurre (beurre d'escargot) et le conserver en rouleaux au congélateur.

Culture

À l'automne, au mois d'octobre, prélevez dans la nature quelques bulbes d'ail des ours et leurs rhizomes ; plantez-les au jardin dans un endroit à l'ombre, voire humide.
Il est également possible de semer des graines en pépinière, dans la deuxième quinzaine de juillet, et de repiquer les jeunes plants début octobre. Semez directement en place et n'éclaircissez pas la première année ; la récolte de la deuxième année servira d'éclaircissage, ainsi que les récoltes suivantes.
Si les plantations d'automne n'ont pu se faire, vous pouvez encore les réaliser en février en procédant de la même façon.
L'ail des ours craint surtout le plein soleil.

Utilisation

L'ail des ours s'utilise cru pour assaisonner les crudités, les salades vertes, les pommes de terre en vinaigrette, pour parfumer les mayonnaises, les poissons, les beurres d'escargot, etc.
Cuit, il relève les viandes comme le gigot, la volaille, le porc, le lapin, les sauces, les légumes, les courts-bouillons…

Les conseils du jardinier

- *Cette plante aime l'eau, pensez à arroser si elle est située dans un endroit trop drainant et apportez-lui une bonne quantité d'humus (feuilles en décomposition, tourbe brune).*
- *C'est une plante vivace ; n'arrachez pas tout, elle s'étalera un peu plus l'année suivante.*

Ail rocambole

Allium scorodoprasum (Linné) (famille des Alliacées)

Cette plante condimentaire est originaire d'Europe et d'Asie. Les feuilles planes sont longues et de couleur vert clair ; la hampe florale, haute de 50 cm à 1 m, est d'abord contournée en spirale (en cor de chasse) à sa partie supérieure, puis se redresse et porte au sommet un groupe de bulbilles, de couleur rouge-brun, dans une spathe (enveloppe blanche) courte qui éclate lorsque les bulbilles grossissent jusqu'à la taille d'une noisette. Le bulbe, plus ou moins gros que celui de l'ail commun, est entouré de caïeux de couleur pourpre enfermés dans une tunique commune grisâtre. Si l'ail rocambole est ancien, sa culture reste encore peu développée. Il est à mon avis plus fort en goût que les variétés courantes.

Culture

Plantez à l'automne, entre le 15 octobre et le 15 novembre. Réalisez de petites buttes de 8 à 12 cm de hauteur, en lignes espacées de 30 cm. Au sommet de cette butte, enfoncez un caïeu tous les 10 cm à 3 ou 4 cm de profondeur (cela évite un excès d'humidité qui ne convient guère à l'ail). Les bulbilles se plantent un peu plus serré, tous les 5 à 7 cm sur des lignes distantes de 25 à 30 cm ; elles donneront des bulbes entiers (et des bulbilles) l'année suivante. Vous consommerez les gros bulbes et utiliserez les petits comme semences à l'automne.

Si les plantations d'automne n'ont pu se faire, ne désespérez pas, vous pouvez les réaliser en février de la même façon, à exposition ensoleillée.

L'ail rocambole est peu sensible aux maladies et plus résistant que les autres variétés courantes.

Récolte et conservation

Cet ail se récolte lorsqu'il est mûr, en août ; faites-le sécher au soleil, sur des clayettes, puis attachez-le en bottes et suspendez-le la tête en bas pour qu'il finisse de sécher à l'intérieur. Il se conserve, ainsi suspendu, toute l'année, de préférence dans un endroit ventilé, à une chaleur comprise entre 5 et 15 °C.

Utilisation

L'ail rocambole se consomme cru pour assaisonner les crudités et les salades, pour parfumer les saucisses sèches, les mayonnaises, et aussi pour frotter les croûtons de pain grillé. On l'ajoute dans les cornichons au vinaigre et on peut le confire à l'huile. Cuit, il relève les viandes comme le gigot, la volaille, le porc, le lapin, mais aussi les sauces, les courts-bouillons, les légumes, les champignons, les poissons (telle la morue) et bien entendu les escargots. Les bulbilles sont excellentes dans les conserves au vinaigre (pickles) et dans les légumes en lacto-fermentation.

Les conseils du jardinier

- *Ne mettez pas de compost ni de fumier l'année de plantation ; apportez seulement un peu de corne broyée torréfiée.*
- *C'est une plante vivace ; si vous oubliez de l'arracher, elle fera une touffe l'année suivante.*

Alliaire

Alliaria officinalis (Andrzejowski) (famille des Brassicacées)

Cette plante herbacée, bisannuelle, condimentaire, est originaire d'Europe, d'Asie, d'Afrique du Nord et même d'Australie. Son nom vient du latin *allium* (ail) – la plante dégage en effet une forte odeur d'ail quand on la froisse. À l'état sauvage, elle pousse dans les lieux ombragés : dans les haies, au bord des chemins, en lisière de bois, dans les jardins et dans les taillis. Haute de 30 cm à 1 m, elle présente des feuilles dentées, arrondies et longuement pétiolées à la base ; celles de la tige sont dentées et triangulaires, de couleur vert pâle. Les fleurs sont simples, petites et blanches ; on en trouve encore au mois d'août dans les taillis. C'est notre « ail » du Moyen Âge. La graine conserve ses capacités germinatives pendant 7 ou 8 ans.

Culture

Cette plante, qui n'est pas cultivée d'ordinaire, peut l'être facilement (au-dessous de 1 000 m d'altitude, sauf au bord de la Méditerranée). Elle permet d'utiliser les parties ombragées du jardin, qui ne conviennent pas à d'autres cultures. En automne (début octobre) ou à la fin de l'hiver (en février), semez à l'ombre, en lignes, les graines récoltées l'année précédente sur des plantes sauvages ; recouvrez-les de 2 à 3 mm de terre et plombez au râteau. Vous pouvez éclaircir à 5 cm et arroser si besoin est.
L'alliaire a besoin d'une terre riche en humus. Elle est attaquée par les même prédateurs que les autres Brassicacées : l'altise, surtout. Il s'agit essentiellement d'une culture de printemps ; n'oubliez pas de conserver quelques plantes pour faire vos graines. Le terrain sera ensuite libre pour semer la mâche.

Récolte et conservation

L'alliaire se récolte au printemps ; à partir du 15 juin, la plante est plus dure et plus amère. Récoltez les feuilles tendres, au fur et à mesure des besoins ; vous pourrez les faire sécher pour les utiliser ultérieurement. Les fleurs fraîches se récoltent et s'emploient de la même façon que les feuilles.
Plus tard, récoltez les graines pour la semence mais aussi pour la consommation (comme celles de la moutarde) ; faites-les bien sécher (à l'ombre) et conservez-les au sec (par exemple au congélateur ou au réfrigérateur). Attention, la récolte des graines doit s'effectuer assez tôt pour éviter qu'elles ne tombent. Pour cela, arrachez les plantes et suspendez-les la tête en bas sur une bâche ; laissez sécher, battez et tamisez.

Utilisation

Les feuilles et les fleurs se consomment crues, en mélange, dans des salades composées. Cuites, elles accompagnent les légumes et parfument les ragoûts et les viandes salées.
Les graines sont utilisées comme celles de la moutarde, pour assaisonner les viandes mais aussi, germées, comme condiment.

Les conseils du jardinier

- *Vous pouvez cultiver cette plante au pied des arbres fruitiers (pour cela, il faut travailler la terre sur 50 à 60 cm autour des troncs) ; apportez de la corne broyée torréfiée, les arbres ne s'en porteront que mieux.*
- *Comme elle ne gêne guère au pied des arbres, vous pourrez la laisser se reproduire spontanément et n'apporter qu'un peu d'humus et de corne tous les ans.*

Saucisses d'escargots à l'alliaire

PRÉPARATION : 45 min

CUISSON : 1 h

INGRÉDIENTS (4 personnes)

4 douzaines d'escargots préparés, stérilisés, 100 g de beurre, 200 g d'alliaire, 200 g d'ail des ours entier, 400 g de lard maigre, 20 cl de crème fraîche, 50 g de pignons de pin en poudre, 6 œufs, poivre, sel, quatre-épices, 1 m de petits boyaux, 1 verre de champagne ou 1/2 verre d'eau-de-vie, huile

La veille :

• Coupez le lard en petits dés ou hachez-le. Lavez l'alliaire et l'ail des ours (réservez des fleurs pour le service) et hachez-les finement. Réservez 50 g d'ail des ours pour le beurre d'escargot.

• Faites réduire la crème dans une casserole, à feu doux ; ajoutez l'alliaire et mixez (le mélange doit être consistant) ; réservez.

• Dans une autre casserole huilée, faites revenir l'ail des ours (150 g) et le lard en dés. Laissez cuire 10 min, salez, poivrez, épicez selon votre goût et travaillez à la spatule en mouillant avec le champagne ou l'eau-de-vie. Ajoutez l'alliaire, les pignons de pin en poudre ainsi que les escargots émincés et remuez pour obtenir un mélange homogène ; réservez.

• Montez les blancs d'œufs en neige (gardez les jaunes pour une autre recette) et mélangez-les à la préparation.

• Embossez le mélange dans les petits boyaux et confectionnez de petites saucisses de 6 à 8 cm de long en les liant aux deux extrémités.

Faites pocher pendant 45 min, dans une eau frémissante à 80 °C.

Le jour même :

• Confectionnez un beurre d'escargot avec l'ail des ours réservé (50 g) et 100 g de beurre ; salez et poivrez.

• Rangez les saucisses dans un plat à gratin, faites chauffer avec un peu de beurre d'escargot.

• Dressez une saucisse sur chaque assiette chaude avec 3 cuillères à soupe de mousse d'ortie, arrosez légèrement la saucisse avec reste de beurre et décorez de fleurs d'alliaire et d'ail des ours.

Amarante tête d'éléphant

Amaranthus tricolor (Linné) (famille des Amaranthacées)

Cette plante potagère annuelle, originaire d'Asie, probablement d'Inde, de Chine et du Japon, a été introduite au XVIe siècle. Elle est cultivée comme légume en Asie depuis des temps très anciens. Ses feuilles pourprées, de forme ovale, dentées sur les bords, d'assez grande taille, sont utilisées tendres et jeunes comme les épinards. Haute d'environ 1 m, la tige principale est rigide et anguleuse. C'est une des amarantes les plus impressionnantes par ses panicules très compactes en forme de tête d'éléphant, munies d'une trompe dressée, d'une belle couleur rouge foncé. Elle très décorative et tient fleurie jusqu'aux gelées (juillet à octobre) ; les panicules peuvent être séchées suspendues la tête en bas. Les graines sont noires et gardent leurs capacités germinatives pendant une dizaine d'années.

Culture

Cette amarante est facile à cultiver mais demande beaucoup de chaleur (plus il fait chaud, plus elle pousse). Les semis se font directement en place lorsque la terre s'est réchauffée, en général après le 15 mai et jusqu'au 20 juin, dans un sol profond, humifère et riche en azote, en lignes espacées de 40 cm. Éclaircissez à 8-10 cm sur les rangs lorsque les plants mesurent environ 10 cm de haut. Arrosez régulièrement jusqu'à la floraison.
Vous pouvez aussi semer en caissette, à l'intérieur, et repiquer les plantes lorsqu'elles ont atteint 8 à 10 cm de haut ; arrosez assez copieusement, surtout s'il fait chaud. Les plants peuvent survivre à la sécheresse, mais dans ce cas, les feuilles seront dures. Les plantes gardées pour le décor n'ont pas besoin des mêmes soins.
Les amarantes ne sont pas sensibles aux maladies ni aux parasites, seulement au froid.

Récolte et conservation

La récolte se fait lorsque les plants font environ 20 à 25 cm ; les feuilles sont alors tendres et conservent 2 ou 3 jours, dans le bas du réfrigérateur, enfermées dans des sacs de plastique. La récolte doit donc se faire au fur et à mesure des besoins, ou bien il faut récolter puis cuisiner et congeler.
La première récolte peut constituer un éclaircissage (ainsi que les suivantes) pour ne garder qu'un pied tout les 40 à 50 cm, afin de profiter des panicules.

Utilisation

Les feuilles se consomment crues très jeunes dans des salades mélangées, ou cuites comme les épinards, cuisinées de diverses manières.

Les conseils du jardinier

- *Les feuilles contenant une forte quantité d'acide oxalique, évitez d'en consommer une trop grande quantité et trop souvent.*
- *L'amarante se ressème d'elle-même d'une année sur l'autre.*

Arroche rouge 'Opéra'

Atriplex hortensis (Linné) (famille des Chénopodiacées)

Originaire d'Asie centrale et de Sibérie, cette plante potagère annuelle a été très appréciée du Moyen Âge à la Renaissance. De culture facile et autrefois très répandue, elle était utilisée pour ses propriétés calmantes et diurétiques. Cette magnifique variété présente des feuilles basales de belle taille, d'un beau rouge violacé, cordiformes à triangulaires, légèrement dentées, qui gardent leur couleur à la cuisson. Lorsque la plante est arrivée à complet développement, elle peut culminer à près de 3 m. La tige principale est anguleuse, d'un rouge un peu plus foncé que les feuilles. Les fleurs, monoïques ou dioïques, de même couleur, sont réunies en grappes à la fois sur la tige principale et sur les tiges secondaires ; elles sont pollinisées par le vent. Si vous désirez récolter les graines, isolez les variétés par des coupe-vent ou dans des tunnels, ou bien espacez les cultures de plus d'un kilomètre. Les graines (akènes) de couleur beige conservent leurs capacités germinatives pendant environ 5 ans.

Culture

Les semis s'effectuent en place, de mars à juin puis du 15 août à fin septembre, sur des lignes espacées de 30 à 40 cm. Lorsque les plantes ont atteint 10 cm de haut (environ 4 feuilles), éclaircissez à 15 cm sur les rangs en prélevant des plants pour votre consommation, puis répandez un peu de sang desséché sur le sol et arrosez. Rapidement, les plants vont atteindre 30 cm ; enlevez (et consommez) 1 pied sur 2 et pincez le bourgeon terminal (cela retarde la montaison et permet d'obtenir de plus grandes feuilles). Arrosez régulièrement (plus souvent en périodes chaudes) ; sans arrosage par temps sec, l'arroche monte très vite à graines.
Pour avoir des récoltes échelonnées, effectuez des semis toutes les 2 à 3 semaines.

Récolte et conservation

On ne consomme que les feuilles. La récolte se fait lors des différents éclaircissages, puis au fur et à mesure des besoins ; cependant, ne récoltez que les feuilles tendres. Elles fanent vite, aussi utilisez-les si possible dans la journée ou bien enfermez-les dans des sacs de plastique dans le bas du réfrigérateur. Vous pouvez aussi les cuisiner et les congeler pour les préparer comme des épinards.

Utilisation

Les feuilles se consomment cuites dans des soupes avec d'autres légumes, cuisinées de diverses manières, comme les épinards. On peut les utiliser dans le court-bouillon pour la cuisson du saumon (cela lui donne de la couleur).

Les conseils du jardinier

- *Cette plante étant souvent la proie des limaces, posez des pièges : bouteilles en plastique coupées et enterrées avec un peu de bière au fond, cordon de cendres de bois ou de sciure autour des pieds.*
- *Conservez les graines au congélateur, vous multiplierez la durée germinative quasiment par deux.*

Aubergine 'Ronde de Valence'

Solanum melongena (famille des Solanacées)

Originaire de Birmanie, l'aubergine est arrivée en France via l'Espagne vers le milieu du XVe siècle. L'aubergine 'Ronde de Valence' est cultivée depuis de nombreuses années, faisant suite à l'aubergine 'Ronde de Chine' ; plus hâtive que cette dernière et d'un développement plus important, elle a été adoptée avec succès dans des endroits au climat plus rude. La plante, haute de 70 cm à 1 m, présente des feuilles larges, entières, de forme ovale, velues, vertes à reflets foncés. Ses fleurs violacées, à calice épineux, sont hermaphrodites. Les fruits ronds (5 à 10 par pied), de 8 à 12 cm de diamètre, sont d'un noir brillant ; leur chair ferme est blanc verdâtre. L'aubergine est calmante et diurétique, elle contient bon nombre de vitamines ainsi que manganèse, magnésium, fer, calcium... Durée germinative des graines : 5 ans.

Culture

À partir du 1er mars, semez à l'intérieur, en serre chauffée ou sur couche, dans un mélange de compost et de sable ; recouvrez les graines d'environ 3 à 4 mm de mélange et arrosez à l'eau chaude. La levée demande de 3 à 10 jours à une température de 25 à 30 °C. Repiquez à 2 cotylédons ou 1 feuille dans des godets de 9 et gardez à une température d'au moins 20 °C pendant quelques jours, puis entre 15 et 25 °C ; lorsque les plants mesurent environ 10 cm, repiquez-les à nouveau dans des pots de 12. Mettez en pleine terre le plus tôt possible, en sachant que la plante ne se développe qu'au-dessus de 12 à 14 °C. La plantation s'effectue à une distance de 60 cm, au minimum, en tous sens. Arrosez 1 ou 2 fois par semaine, voire tous les jours par fortes chaleurs ; paillez. Enlevez les bourgeons situés au-dessous de la première fleur. Ne conservez qu'une fleur par axe secondaire, étêtez ces tiges puis supprimez-les après la récolte des fruits ; ôtez aussi les gourmands. Ne conservez que 10 fleurs environ par pied. Dès l'apparition des doryphores, faites un traitement à la roténone (6,6 ‰).

Récolte et conservation

Les fruits se récoltent au fur et à mesure ; ils doivent être brillants et fermes – à l'aide d'un sécateur, coupez le pédoncule le plus long possible. Ils sont très bons consommés le jour de la récolte, mais ils peuvent se conserver au frais pendant 1 semaine.

Utilisation

Les fruits se mangent cuits : farcis, en gratin, en beignets, dans les ratatouilles, sautés, en moussaka, avec du riz, confits dans l'huile d'olive, etc.

Les conseils du jardinier

- *La levée étant très capricieuse, pensez à semer 2 fois plus de graines que de plants désirés.*
- *Les fruits ternes sont trop vieux, mous et légèrement amers, leurs graines sont dures.*
- *Pour avoir une bonne récolte :*

– semez le 1er mars et repiquez début mai sous tunnel ;
– semez fin mars et repiquez la première quinzaine de juin à l'extérieur ou sous tunnel.

Gâteau d'aubergines aux deux coulis

Préparation : 1 h

Cuisson : 30 min + 45 min au four

Ingrédients (6 personnes)

1,2 kg d'aubergines 'Ronde de Valence', 400 g d'épaule d'agneau hachée, 400 g de viande de bœuf hachée, 150 g d'oignons, 30 cl d'huile d'olive, 60 g de farine, 600 g de tomates, 4 gousses d'ail, gros sel, sel fin, poivre, 20 g de basilic

Coulis :

500 g de tomates rouges, 500 g de tomates jaunes, 4 à 5 gousses d'ail, 4 échalotes, huile d'olive, 20 g de feuilles fraîches de basilic

Sauce :

30 g de farine, 40 g de beurre, 50 cl de lait, 3 œufs, 150 g de gruyère râpé

• Lavez les aubergines et coupez-les en rondelles de 5 mm d'épaisseur environ ; faites-les dégorger avec un peu de gros sel pendant environ 1 h.

• Dans une sauteuse huilée, faites fondre les oignons hachés, ajoutez les viandes et laissez cuire doucement 10 min.

• Dans une casserole, faites fondre les tomates concassées, le basilic haché, l'ail éclaté, laissez cuire 10 min et mixez. Versez dans la sauteuse, salez, poivrez et poursuivez la cuisson 20 min. Mélangez bien.

• Essuyez les rondelles d'aubergine, farinez-les des deux côtés, faites-les dorer à l'huile d'olive dans une poêle et égouttez-les sur du papier absorbant ; réservez.

Pour la sauce :

• Dans une casserole, faites fondre le beurre, ajoutez la farine et mélangez. Versez le lait froid et remuez jusqu'à ébullition ; salez, poivrez et laissez cuire 10 min. Hors du feu, ajoutez les œufs et le fromage en fouettant pour obtenir un mélange onctueux.

• Badigeonnez à l'huile d'olive un plat à four, garnissez le fond d'une couche de rondelles d'aubergine en les faisant se chevaucher légèrement, recouvrez d'une couche de viande et continuez ainsi jusqu'à 2 cm du bord du plat (au maximum). Recouvrez de sauce blanche au fromage restée en attente.

• Mettez à four moyen, thermostat 6 (180 °C), pendant 45 min.

Pour les coulis :

• Épluchez les échalotes et l'ail. Lavez les tomates et le basilic.

• Dans deux casseroles, versez un filet d'huile d'olive, coupez en 4 les tomates rouges dans l'une et les jaunes dans l'autre, ajoutez par moitié l'ail et l'échalote émincés, du sel, du poivre ainsi que le basilic ciselé ; laissez cuire 10 min et mixez.

• Laissez réduire pour obtenir une sauce plus épaisse.

• Coupez les parts de gâteau dans le plat et servez chaud, en ajoutant sur chacune un peu de chaque coulis.

Aubergine 'Hâtive de Barbentane'

Solanum melongena (famille des Solanacées)

L'aubergine de Barbentane est cultivée depuis de nombreuses années ; elle l'était déjà en France à la fin du XIXe siècle, j'ai trouvé sa trace dans le catalogue *Léonard Lille* de 1897. Cette plante haute de plus de 1 m, à tiges noires, présente des feuilles de forme ovale, vert foncé à reflets gris, dont les nervures et le pétiole sont fortement colorés et peu épineux. Les fleurs sont grandes, de couleur violette. Les fruits (jusqu'à 12 par pied), presque cylindriques, longs de 15 à 30 cm sur 5 à 8 cm de diamètre, sont d'un violet très foncé ; leur chair ferme est blanc sale. Cette variété est l'une des plus précoces et des plus productives, ce qui la rend très appréciable en culture extérieure et dans les régions où l'été est moins chaud, par exemple en altitude. Durée germinative des graines : 5 ans.

Culture

À partir du 15 mars, semez à l'intérieur, en serre chauffée ou sur couche, dans un mélange de compost et de sable ; recouvrez les graines d'environ 3 à 4 mm de mélange et arrosez. La levée demande de 3 à 10 jours à plus de 22 °C. Repiquez à 2 cotylédons dans des godets de 9 et gardez-les à une température d'au moins 20 °C pendant quelques jours, puis entre 15 et 25 °C ; lorsque les plants mesurent environ 10 cm, repiquez-les à nouveau dans des pots de 12. Ne mettez en place en pleine terre que lorsque les plants ont leurs premières fleurs et que la température s'est un peu élevée (autour du 1er juin).
La plantation s'effectue au minimum à 60 cm en tous sens. Arrosez suffisamment, de 1 ou 2 fois par semaine à un arrosage journalier par fortes chaleurs. Paillez, cela réduit le nombre d'arrosages et permet d'obtenir une bonne qualité de fruits. Enlevez les bourgeons situés au-dessous de la première fleur. Ne conservez qu'une fleur par axe secondaire, étêtez ces tiges, puis supprimez-les après la récolte des fruits ; ôtez aussi les gourmands qui se développent alors. Conservez une douzaine de fleurs par pied.
Les doryphores sont friands des aubergines (en particulier des fleurs) : surveillez-les quotidiennement.

Récolte et conservation

Les fruits se récoltent à l'aide d'un sécateur (coupez le pédoncule le plus long possible), au fur et à mesure des besoins, mais il faut qu'ils soient brillants et fermes. Consommez-les de préférence dans les 5 jours et conservez-les au frais (moins de 10 °C).

Utilisation

Les fruits se mangent cuits : farcis, en gratin, en beignets, dans les ratatouilles, sautés, en moussaka, avec du riz, confits dans l'huile d'olive, etc.

Les conseils du jardinier

- *Il est recommandé de ne pas planter les aubergines à côté des pommes de terre ni à l'endroit où elles se trouvaient l'année précédente.*
- *Pour récolter des graines, faites en sorte que les variétés soient distantes d'au moins 25 m et cueillez les fruits très murs (ternes, flétris, jaunâtres).*
- *Surveillez les doryphores, ils sont très friands des fleurs mais consomment aussi les feuilles. Le traitement à la roténone (0,6 ‰) s'effectue de préférence 1 h avant la tombée de la nuit.*

Baselle rouge

Basella alba 'Rubra' (Linné) (famille des Basellacées)

Originaire de l'Asie du Sud-Est, de Madagascar ou de l'Inde, la baselle a été introduite pour la première fois en Europe par Rheede (botaniste hollandais, gouverneur du Malabar) en 1688. Souvent appelée « épinard de Malabar » ou « épinard de Ceylan », cette plante à tiges sarmenteuses pourpres, de 1,50 à 2 m de long, est cultivée en annuelle chez nous (bisannuelle dans les pays chauds). Les feuilles, ovales à cordiformes, charnues, de couleur vert foncé avec des reflets rougeâtres, sont recouvertes d'une sorte de gomme et auraient des propriétés laxatives. Les inflorescences en grappes, à petits pétales rose foncé, étaient utilisées autrefois en Chine pour préparer teinture, colorant et fard à joues. Les graines, marron foncé, mesurent environ 3 mm de diamètre ; elles conservent leurs capacités germinatives pendant environ 6 ans.

Culture

C'est une plante à croissance rapide. Les semis s'effectuent à l'intérieur, mi-avril. Faites faire tremper les graines à l'eau tiède pendant 24 h avant les semis en godets de 9 dans un mélange de compost et de sable. La germination demande parfois plus de 15 jours. Vous pouvez faire des semis tous les 15 jours jusqu'au 15 juin. Ne plantez à l'extérieur que lorsque les températures sont supérieures à 15 °C.
La plantation s'effectue à intervalles de 50 à 80 cm sur des lignes espacées de 60 cm, à exposition très ensoleillée. Il est recommandé de palisser à l'aide de tuteurs en bois, ficelles, treillis, grillage à maille carrée de 10. Les arrosages devront être d'autant plus importants qu'il fait chaud et que la terre est légère. Ne récoltez jamais toutes les feuilles, cela freinerait le développement des plants. La baselle peut être utilisée comme plante d'ornement car ses fleurs et ses feuilles rougeâtres sont du plus bel effet.

Récolte et conservation

On consomme les feuilles jeunes et tendres. La récolte se fait au fur et à mesure du développement de la plante et des besoins. Ne récoltez que ce qui est nécessaire car les feuilles fanent vite : si possible, utilisez-les dans la journée. Si toutefois la récolte est trop abondante, vous pouvez enfermer les feuilles rincées dans des sacs de plastique et les placer dans le bas du réfrigérateur. La congélation ne donne pas de très bons résultats.

Utilisation

Les feuilles se consomment cuites, dans des soupes avec d'autres légumes, cuisinées à la manière des épinards, en beignets…

Les conseils du jardinier

Cette plante demande beaucoup de chaleur (plus il fait chaud, plus elle pousse) ; il faut donc faire preuve de patience et ne pas commencer les semis trop tôt. Les plantes ont plus de mal à redémarrer après un arrêt végétatif.

Benincasa

Benincasa cerifera (Savi), *B. hispida* (Thunberg) (famille des Cucurbitacées)

Cette plante annuelle est originaire d'Asie tropicale. Elle possède des tiges assez fines, munies de vrilles, qui peuvent grimper (ou ramper) sur plus de 2,50 m. Les feuilles, en forme de cœur, sont assez grandes, poilues, dentées. Les fleurs sont jaunes, solitaires et pédonculées. Chaque plante donne en général 2 à 4 fruits, presque sphériques (tongwa), oblongs ou cylindriques (tseetgwa), de 20 à 50 cm de long pour un diamètre de 10 à 15 cm. Ils pèsent entre 2 et 10 kg. L'épiderme est d'abord vert parsemé de taches plus claires, couvert de poils qui disparaissent à maturité pour laisser la place à une pruine blanche à reflets bleutés, cireuse, d'où le nom de « courge à la cire » que l'on donne parfois à cette plante. La chair blanche et douce est gorgée d'eau, à mi-chemin entre le concombre et la courge. Les fruits se conservent de 6 mois à plus de 1 an. Les graines grisâtres gardent leurs capacités germinatives pendant 8 à 10 ans.

Culture

Au début du mois d'avril, semez 2 à 4 graines dans des godets de 9 remplis d'un mélange de sable (1/3) et de terreau (2/3), à la lumière, à une température supérieure à 22 °C. La levée s'effectue au bout de 1 à 2 semaines. Arrosez sans excès et ne gardez que 1 ou 2 plants par pot.
Pendant la deuxième quinzaine de mai, quand la terre s'est réchauffée, mettez en place, à exposition très ensoleillée, à une distance de 1,50 m en tous sens, au pied d'un treillage, d'un grillage ou d'une tonnelle. Dans les régions au climat plus rude, cultivez cette plante en serre froide à bonne exposition. Vous pouvez aussi la cultiver sur un plastique ou une toile de paillage dans lesquels vous aurez pratiqué un trou de 20 cm pour le repiquage. À la plantation, mettez une pelletée de compost dans chaque trou. Perforez le plastique pour laisser passer l'eau de pluie et formez une petite cuvette autour de chaque plant pour faciliter l'arrosage hebdomadaire (2 à 3 litres d'eau).
Cette plante n'est pas très sensible au mildiou et à l'oïdium, il ne sera donc pas nécessaire de traiter.

Récolte et conservation

Les fruits doivent être récoltés à maturité ; ils sont alors recouverts de pruine blanche. Coupez le pédoncule le plus long possible, évitez de cogner les fruits car ils sont assez fragiles. Conservez-les dans un local chaud et aéré (10 à 25 °C).

Utilisation

Les fruits se consomment crus lorsqu'ils sont jeunes, comme les concombres, ou en pickles ; cuits, ils sont préparés à l'aigre-doux, en gratin, en confiserie.

Les conseils du jardinier

Pour obtenir une bonne fructification, cultivez au moins 2 plants côte à côte.

Les betteraves

Betterave blanche 'Albina Vereduna'

Beta vulgaris (Linné) ssp. *esculenta* (Gürke)
(famille des Chénopodiacées)

Cette variété produit des racines blanches, lisses, en forme de toupie à fort pivot ; elles peuvent parfois être assez grosses (plus de 1 kg) mais elles sont meilleures lorsqu'elles pèsent moins de 500 g. Le feuillage est abondant ; les feuilles vertes, lisses, dressées, d'assez belle taille, ont un pétiole d'un vert un peu plus clair ; elles peuvent se consommer à la façon des feuilles de blette. La chair, blanche à veines circulaires, fine, très sucrée et ferme, est d'excellente qualité. La racine se développe presque entièrement enterrée. Les graines ont une capacité germinative d'environ 8 ans.

Betterave jaune 'Burpee's Golden'

Beta vulgaris (Linné) ssp. *esculenta*
(famille des Chénopodiacées)

Il y a peu de variétés de betteraves potagères à chair jaune, celle-ci en est une excellente. La racine, de petite taille (pratiquement toujours inférieure à 500 g), est ronde avec un petit pivot. Elle se développe pratiquement entièrement hors du sol. Le feuillage est peu abondant ; les feuilles, plutôt retombantes, relativement petites, ovales et pointues, à pétiole et nervures jaunes, peuvent être consommées comme les épinards. La chair, jaune, veinée, très fine et sucrée, prend une belle couleur orangée lorsqu'elle est cuite.

Betterave rouge 'Crapaudine'

Beta vulgaris (Linné) ssp. *esculenta* (famille des Chénopodiacées)

Originaire d'Europe, probablement des régions méridionales, la betterave est une plante bisannuelle. La variété rouge 'Crapaudine' est l'une des plus anciennes. On la reconnaît très facilement à l'aspect de sa racine, noire et crevassée, qui ressemble beaucoup à celle du radis rond noir d'hiver. La racine est assez longue, pointue, souvent irrégulière et presque totalement enterrée. Les feuilles dressées, ovales, vertes à pétiole rougeâtre, sont nombreuses et souvent quelque peu crispées. La chair rouge foncé, très sucrée, est ferme et d'excellente qualité, aussi est-il d'autant plus regrettable que ce légume soit aujourd'hui un peu délaissé en raison de l'aspect peu engageant de sa racine. Les fleurs hermaphrodites se développent en épis, au printemps suivant, sur une hampe d'environ 1 m. Les graines conservent leurs capacités germinatives pendant environ 8 ans.

Culture

Les semis s'effectuent en place de début avril à fin mai, selon les régions, si possible en lune descendante (les plantes ne doivent pas êtres exposées aux dernières gelées), sur des lignes espacées de 40 cm (30 cm pour la variété jaune). Lorsque les plantes ont 4 ou 5 feuilles, éclaircissez à 8-20 cm sur les rangs (selon la grosseur désirée) ; les plants arrachés peuvent être repiqués (coupez auparavant l'extrémité des feuilles). Arrosez après l'éclaircissage et le repiquage. La culture de la betterave s'effectue dans des sols riches et profonds (fumure d'automne) ou enrichis de compost au printemps. La variété 'Crapaudine' est plus tardive, elle ne se récolte en principe qu'au mois d'octobre pour la conservation.

Récolte et conservation

On peut consommer les feuilles tendres, cependant ce sont les racines que l'on récolte, au fur et à mesure des besoins à partir de juillet ; elles peuvent se conserver au frais 1 semaine. La récolte des racines à conserver se fait par temps sec juste avant les gelées (au mois d'octobre) ; arrachez les betteraves, coupez les feuilles à 1 cm, faites tomber la terre des racines, laissez sécher une journée et rentrez en cave ou en silo ; elles se conserveront jusqu'en mai-juin.

Utilisation

Les betteraves se consomment crues, râpées ou coupées, en vinaigrette, seules ou en mélange ; cuites, dans des soupes avec d'autres légumes, en ragoûts, en « chips », en confiture ; on peut aussi les faire cuire au four ou dans la cendre (lavées et pliées dans du papier d'aluminium) ou tout simplement à l'eau (mais c'est moins bon), puis les couper et les assaisonner d'une sauce vinaigrée. On peut aussi les mettre en lacto-fermentation (procédé de fermentation mis en œuvre dans la préparation de la choucroute, par exemple) avec d'autres légumes en dés et les consommer en accompagnement de viandes.

Les conseils du jardinier

- *Évitez les semis trop précoces qui ont tendance à monter à graines dès la première année.*
- *Puisque la betterave se conserve bien, il est quasiment inutile d'échelonner les semis.*

Ragoût aux deux betteraves et son pigeonneau au chutney

PRÉPARATION : 20 min

CUISSON : 35 min

INGRÉDIENTS (4 personnes)

2 pigeonneaux prêts à rôtir, 500 g de betteraves rouges crues, 500 g de betteraves blanches crues, 2 échalotes, sel, poivre, huile d'arachide, 1 bouquet de persil, 1 petit bouquet de ciboulette, 2 gousses d'ail

• Passez les pigeonneaux à la flamme, salez et poivrez l'intérieur et l'extérieur. Mettez chaque pigeonneau dans une petite cocotte huilée et faites dorer sur tous les côtés, puis laissez cuire 10 min.

• Pendant ce temps, épluchez les betteraves et coupez-les en gros dés séparément ; lavez et hachez le persil et la ciboulette ; épluchez et émincez les échalotes et l'ail.

• Ajoutez les échalotes émincées dans chaque cocotte, laissez dorer 5 min, ajoutez les betteraves (une couleur par cocotte), un peu d'eau, l'ail, les herbes ; salez et poivrez. Laissez mijoter à couvert, 20 min, en tournant de temps en temps.

• Servez à l'assiette : coupez les pigeonneaux en 2 et placez une moitié au centre de chaque assiette chaude ; répartissez de part et d'autre les deux betteraves accompagnées d'une cuillère à soupe de chutney du chasseur délayé dans le jus de cuisson.

Blette à couper

Beta vulgaris (Linné) ssp. *cicla* (Moquin-Tendon) (famille des Chénopodiacées)

Encore appelée « poirée à couper », « bette épinard » ou « erbette » en Italie, cette variété (très rustique) de poirée est très intéressante car elle permet des récoltes successives et importantes durant de nombreux mois. Les feuilles lancéolées, de 20 à 40 cm de long, très peu cloquées, sont assez larges, de couleur vert foncé (ou vert clair pour la variété 'Blonde à couper') ; elles sont portées par un pétiole étroit et assez court de couleur légèrement plus claire. Les inflorescences (la deuxième année) ressemblent à celles de la betterave. Les graines conservent leurs capacités germinatives pendant environ 8 ans.

Culture

Vous pouvez commencer les semis début avril, à l'intérieur : semez 1 ou 2 graines par godet ; repiquez lorsque les plants ont 5 ou 6 feuilles, arrosez mais sans excès. Les semis en place s'effectuent du 15 avril au 15 mai, sur des lignes espacées de 60 cm. Lorsque les plantes ont 4 ou 5 feuilles, éclaircissez à 10 cm sur les rangs ; les plants arrachés peuvent être repiqués mais il faut auparavant les « habiller », c'est-à-dire couper l'extrémité des feuilles et éventuellement des racines. Arrosez après l'éclaircissage ou le repiquage.
Les blettes aiment les sols frais et profonds, enrichis de compost bien mûr au printemps. Dès que les plants mesurent 20 à 30 cm, vous pouvez butter légèrement, cela gardera un peu plus de fraîcheur aux plantes pendant la saison chaude et permettra un paillage et des arrosages entre les lignes.

Récolte et conservation

La récolte peut commencer dès que les plants ont atteint 30 cm de haut : on coupe toutes les feuilles à environ 2 cm du sol. Les blettes repoussent très vite et on peut ainsi faire plusieurs coupes par saison (jusqu'à la Toussaint). Récoltez au fur et à mesure de vos besoins, car les feuilles ne conservent pas plus de 2 jours leur aspect et leur qualité).

Utilisation

Les feuilles peuvent se consommer crues (très jeunes) en vinaigrette, seules ou en mélange ; cuites, elles sont utilisées dans des soupes avec d'autres légumes, à la crème, au beurre, avec un jus de viande (entières ou en « mousse »), en gratin, en sauce blanche…

Les conseils du jardinier

- *N'oubliez pas que l'on a toujours tendance à trop arroser : cela provoque souvent le « coulage des semis » (les tout jeunes plants s'amincissent au ras de la terre et disparaissent).*
- *Ne semez pas trop tôt et faites-le autant que possible en lune descendante pour éviter une montaison dès la première année.*

Bourrache officinale

Borago officinalis L. (famille des Boraginacées)

Probablement originaire de tout le pourtour méditerranéen – Afrique du Nord, Europe méridionale, Syrie –, la bourrache est une plante annuelle atteignant de 25 à près de 60 cm de haut, très vigoureuse. Les feuilles, ovales, pointues, hérissées de poils raides, sont ridées, de couleur vert foncé, et mesurent de 10 à 20 cm de long. Les tiges dressées sont cylindriques, creuses, velues, et se ramifient pour présenter une floraison étagée étalée dans le temps (de juin à septembre). Les fleurs étoilées, d'un beau bleu vif (quelquefois blanches), sont très mellifères mais éphémères. Durée germinative des graines : environ 8 ans.

Culture

La bourrache se ressème très souvent d'elle-même et il suffit de préserver ces plants spontanés ou de les repiquer dès le début du printemps. Vous pouvez aussi semer en place en automne (vers le 15 octobre) et/ou au printemps (de mars à juin), sur des rang espacés de 40 cm, à exposition ensoleillée, dans un sol frais et riche en humus ; recouvrez les graines de 0,50 à 1 cm de terre ou de compost mélangé à du sable fin ; éclaircissez à 25 ou 30 cm. La germination est assez rapide (environ 1 semaine).
La bourrache ne demande aucun soin de culture particulier, cependant vous pouvez lui apporter un peu de corne broyée, du lithotamne et quelques arrosages de manière à obtenir un plus grand développement des feuilles.
C'est une plante « antistress », riche en vitamine C, potassium, magnésium, pectine.

Récolte et conservation

Récoltez les feuilles tendres au fur et à mesure de vos besoins car elles ne se conservent pas plus de 2 à 3 jours enveloppées dans un sac de plastique, en bas du réfrigérateur.
Les fleurs se récoltent le jour de leur ouverture et s'utilisent immédiatement ; elles peuvent se garder 1 ou 2 jours, au frais, dans une boîte de plastique munie d'un couvercle. Il est également possible de les faire sécher, mais si elles conservent leurs propriétés médicinales, elles perdent alors leur couleur et leur saveur.

Utilisation

Les feuilles et les fleurs fraîches ont à la fois un goût de radis et de concombre. Les feuilles peuvent se consommer crues (jeunes), finement coupées dans les salades et les crudités ; cuites, dans des potages et soupes, en coulis pour accompagner les fromages frais et les poissons, ainsi qu'en beignets. Les fleurs peuvent agrémenter les salades, les crudités, ou entrer dans la confection d'infusions ou de boissons rafraîchissantes, avec du jus de citron et du miel.

Les conseils du jardinier

- *Vous pouvez utiliser les plants de bourrache dans des bordures avec les autres fleurs.*
- *Pour récolter les graines, il faut couper suffisamment tôt les tiges fleuries ; suspendez-les la tête en bas au-dessus d'un récipient dans lequel une partie des graines tombera.*

Fromage de chèvre au coulis de bourrache

PRÉPARATION : 15 min

CUISSON : 15 min

INGRÉDIENTS (4 personnes)

4 petits fromages de chèvre mi-frais, 4 fines tranches de lard maigre salé (et fumé, selon vos goûts), 1 cuillère à soupe de thym sec, 100 g de feuilles de bourrache + 20 fleurs, 50 cl de crème fraîche liquide, sel, poivre, huile de friture, 1 blanc d'œuf

• Lavez les feuilles de bourrache, réservez-en 12 belles, faites tremper les autres 8 min dans de l'eau chaude puis coupez-les grossièrement au couteau.

• Versez la crème dans une casserole, ajoutez-y la bourrache hachée, faites cuire 10 min (sans laisser bouillir) jusqu'à consistance d'une sauce ; salez et poivrez, mixez et passez au chinois. Réservez au chaud.

• Entourez chaque fromage d'une tranche de lard dans le sens de l'épaisseur, ficelez. Parsemez de thym les deux faces des fromages et faites dorer au four, thermostat 10.

• Battez légèrement le blanc d'œuf à la fourchette, trempez-y les 12 feuilles réservées et faites les frire dans une poêle huilée bien chaude.

• Servez à l'assiette : décentrez légèrement le fromage sur 3 feuilles dorées, arrosez d'un peu de coulis et ajoutez 5 fleurs en décor. Mettez à disposition le reste de coulis dans une coupelle.

Brède mafane

Spilanthes oleracea (Linné) (famille des Composées)

Aussi appelé « cresson de Pará », le brède mafane serait originaire des zones tropicales de l'Amérique du Sud. Très connu et cultivé à Madagascar, il entre dans la composition du roumazava ; il s'est répandu dans toutes les zones tropicales pour ses propriétés antiscorbutiques. C'est une plante annuelle quasi rampante ; ses feuilles vertes sont ovales-pointues, légèrement dentées et parfois un peu gaufrées. Les tiges se divisent en de nombreuses branches coureuses qui se terminent par des capitules composés de nombreuses fleurs jaunes. Les feuilles et les fleurs ont une saveur très piquante, salée, rafraîchissante, qui fait vibrer les papilles et saliver en abondance ; elles provoquent les mêmes sensations qu'une anesthésie dentaire pendant 5 min. À maturité, les fleurs donnent de nombreuses petites graines grises aplaties et de forme ovale dont la durée germinative est de 4 ans environ.

Culture

À partir d'avril, semez en godets remplis d'un mélange de terreau et de sable, dans une serre ou à l'intérieur, derrière une fenêtre ; tenez au frais pour assurer une bonne germination. Lorsque les plants ont 2 feuilles, repiquez-les dans des godets de 7 (1 plant par godet) et continuez les arrosages jusqu'à la plantation qui s'effectuera seulement après le 20 mai et à exposition très ensoleillée, à une distance de 30 à 40 cm sur des lignes espacées de 40 à 50 cm. Des arrosages fréquents sont nécessaires pendant les périodes chaudes ; pour cela, tracez une rigole entre les rangs et remplissez-la d'eau tous les matins.

À partir de la mi-mai, vous pouvez aussi semer directement en place, au soleil, quelques graines tous les 20 à 30 cm sur des lignes espacées de 50 cm. Arrosez et recouvrez d'un voile de forçage jusqu'à la levée. Lorsque les plants ont 4 ou 5 feuilles, éclaircissez si nécessaire et repiquez les plants retirés dans les espaces libres. Arrosez régulièrement jusqu'en septembre. Cette plante ne pose pas de problèmes, mais elle a besoin de beaucoup de chaleur et d'humidité.

Récolte et conservation

Au fur et à mesure des besoins, on coupe les extrémités des tiges ; la plante continue ainsi de s'étoffer. Les tiges récoltées peuvent se conserver 2 ou 3 jours dans le bas du réfrigérateur, après avoir été vaporisées d'un peu d'eau. En fin de saison, elles peuvent aussi être cuites et congelées pour une utilisation ultérieure.

Utilisation

Feuilles et fleurs se consomment crues, coupées dans les salades pour en rehausser le goût, ou cuites et utilisées en accompagnement de riz servi par exemple avec du chevreau ou de l'agneau. Elles sont excellentes dans des minitourtes apéritives.

Les conseils du jardinier

- *Évitez de mouiller les feuilles et arrosez de préférence le matin.*
- *Un léger paillage avec de la menue paille est très profitable.*

Minitartelettes au brède mafane

Préparation : 40 min

Cuisson : 40 min

Ingrédients (16 minitartelettes) :

1 pâte brisée (du commerce), 5 œufs entiers + 1 jaune, 300 g de jeunes pousses de brède mafane, 20 cl de crème fraîche + 3 cuillères à soupe, 16 petits boutons floraux de ce même cresson, 1 pincée de noix muscade râpée, 250 g de lardons demi-sel, 2 cuillères à soupe d'huile, beurre pour les moules, sel, 150 g de gruyère râpé

• Triez et lavez le brède mafane, égouttez-le et ciselez-le. Lavez les boutons floraux et réservez.

• Faites revenir les lardons avec l'huile, ajoutez le cresson et laissez cuire à feu doux pendant 10 min. Retirez du feu, ajoutez 3 cuillères à soupe de crème fraîche, salez et mélangez bien.

• Dans une jatte, battez les œufs avec 20 cl de crème, du sel et de la muscade. Préchauffez le four, thermostat 7.

• Beurrez 16 très petits moules à tartelette. Déroulez la pâte sur le plan de travail et découpez 16 fonds de tartelette de la grandeur des moules. Couvrez chaque fond d'un petit morceau de feuille d'aluminium et parsemez de haricots secs ou de riz. Dorez les bords au jaune d'œuf, enfournez et faites cuire 7 min.

• Quand les bords de la pâte commencent à se colorer, sortez les fonds de tartelette du four et retirez la graine et l'aluminium.

Garnissez chaque tartelette à mi-hauteur avec la préparation lardons-cresson, répartissez le contenu de la jatte (les œufs battus avec la crème) sur les tartelettes, parsemez d'un peu de gruyère râpé et placez au centre un petit bouton floral. Enfournez et laissez cuire 15 à 20 min. Servez tiède, en amuse-bouche.

Capucine tubéreuse

Tropaeolum tuberosum (Ruiz et Pavon) (famille des Tropæolacées)

Originaire de la cordillère des Andes – Pérou, Bolivie, Colombie –, la capucine est une plante grimpante à l'origine (elle peut grimper jusqu'à près de 2 m). Les feuilles, de petite taille, de couleur vert pré, divisées en 5 lobes, sont attachées presque au milieu (on dit qu'elles sont peltées) par un très long pétiole qui peut s'entortiller sur un support (jusqu'à environ 10 mm de diamètre) à la manière des vrilles. La fleur a un calice rouge vermillon plus court que l'éperon, de petits pétales érigés de couleur jaune foncé ; à l'extrémité d'un long pédoncule, elles se dressent au-dessus des feuilles. La plante produit des tubercules plus ou moins piriformes, de 4 à 12 cm, aux « yeux » marqués, de couleur jaunâtre avec des taches pourpres à violacées. La floraison et la tubérisation ont lieu en jours courts, c'est-à-dire après le 20 septembre. Il est nécessaire de récolter ou de protéger les tubercules pendant l'hiver.

Culture

Plantez les tubercules dans un endroit bien exposé ou devant un mur ensoleillé, à partir du début du mois de mai, dans un sol bien aéré et riche en humus, en les recouvrant de 10 à 20 cm de terre. Les plants doivent être espacés d'environ 70 cm, et pourront être palissés.

Pour gagner du temps, dans les régions plus froides, vous pouvez faire démarrer les plants dans des pots de 10 ou 12 cm de diamètre et mettre en place dans les mêmes conditions que précédemment. Maintenez un sol frais par des arrosages réguliers et un paillage du sol. Il est même souhaitable de butter légèrement les plants lorsqu'ils atteignent 10 à 20 cm de haut. C'est une plante peu fragile à condition de lui conserver un sol frais pendant l'été.

Récolte et conservation

Les tubercules ne se récoltent que très tard (entre le 15 octobre et le 15 novembre). Ils se gardent en cave, dans du sable ou de la tourbe. On peut aussi récolter les jeunes feuilles et les fleurs et les consommer immédiatement.

Utilisation

Les feuilles et les fleurs peuvent se consommer crues dans les salades et les crudités.

Les tubercules se mangent cuits (bouillis), mélangés à d'autres légumes ; bouillis et congelés, ils se dégustent encore en partie congelés, trempés dans du miel ou de la mélasse. Crus, ils se préparent en pickles avec d'autres légumes, en accompagnement des viandes blanches froides.

Les conseils du jardinier

Si vous laissez en place les capucines, vous devrez malgré tout enlever une partie des tubercules (et les hiverner) car ceux-ci ont tendance à remonter à la surface et s'exposent ainsi davantage aux gelées. Les campagnols peuvent aussi les manger dans le sol pendant l'hiver.

Cardon 'Argenté de Plainpalais'

Cynara cardunculus (Linné) (famille des Astéracées)

Originaire des régions méditerranéennes d'Europe, le cardon est une plante herbacée pouvant atteindre 2 m de haut, très proche de l'artichaut. La variété 'Argenté de Plainpalais' nous vient de Suisse. Les grandes feuilles, pennatifides, de couleur gris-vert dessus et blanc argenté dessous, présentent une nervure centrale cannelée, large et très charnue, mais sont aussi munies d'épines qui découragent jardiniers et cuisiniers. Les côtes de cette variété sont très parfumées et d'excellente qualité. La tige florale, argentée, cannelée, rameuse, peut atteindre 1,50 à 2 m ; elle porte des fleurs magenta à écailles pointues. Les graines, grises et rayées de brun, conservent leurs capacités germinatives pendant 6 à 8 ans.

Culture

Semez en godets ou en pépinière, sous châssis ou serre, à partir du 15 mars et mettez en place quand les gelées ne sont plus à craindre (vers la mi-mai) à 1 m de distance sur des lignes espacées de 1,20 m. Effectuez des arrosage réguliers, plus fréquents pendant la saison chaude.

Vous pouvez aussi semer directement en place, à exposition ensoleillée, à partir du 10 mai, 2 ou 3 graines dans des poquets enrichis de 2 pelletées de compost, à 1 m sur les lignes. Lorsque les plants ont 3 ou 4 feuilles, ne conservez qu'un pied par poquet ; repiquez éventuellement les autres pour combler les manquants, refaire une ligne ou encore les offrir à vos voisins (la convivialité est une chose très importante pour le jardinier). Pour occuper les espaces libres, vous pouvez effectuer une plantation de laitues entre les plants et les lignes (jusqu'au mois d'août).

Assurez un désherbage régulier et, autour du 15 août, effectuez un bon binage et un buttage. Maintenez les arrosages entre les lignes avec une fertilisation foliaire au lithotamne. Commencez à blanchir les côtes à partir du 15 septembre en les entourant d'un carton d'emballage, d'un plastique noir ou de paille que vous attacherez avec de la ficelle sur une hauteur d'environ 60 cm pendant 2 à 3 semaines au maximum ; prévoyez des blanchiments échelonnés.

Récolte et conservation

Les récoltes des côtes blanchies peuvent commencer à partir de la deuxième quinzaine de septembre. Les pieds se récoltent entiers et peuvent se conserver au frais entre 5 et 7 jours. La dernière récolte s'effectue avant les gelées. Pour la conservation en cave, il faut arracher les pieds avec leur motte et les mettre en jauge dans du sable, à la cave.

Les capitules se récoltent comme les artichauts.

Utilisation

Les côtes étiolées se préparent cuites, en gratin, en béchamel, au jus, à la moelle, à la crème, dans des tourtes, etc. Les capitules très fins se préparent comme les artichauts.

Les conseils du jardinier

Cette variété, très décorative, peut être utilisée avec bonheur dans un jardin d'ornement, en combinaison avec d'autres plantes.

Cardons à la moelle

PRÉPARATION : 1 h

CUISSON : 1 h 15

INGRÉDIENTS (4 personnes)

Os à moelle pour obtenir 150 g de moelle de bœuf, 2 kg de cardons, 1 citron, 2 cuillères à soupe de farine, 1 cuillère à soupe de gros sel, 1 clou de girofle, 6 cl de vinaigre de xérès, 1 petite branche de romarin, 4 feuilles de sauge officinale, fleur de sel, sel, poivre du moulin, 1 oignon, 24 petites échalotes, 40 g de beurre

• Enlevez les feuilles des cardons pour ne conserver que les côtes ; effilez-les, coupez-les en bâtonnets longs de 5 cm et plongez-les dans de l'eau citronnée pour les empêcher de noircir.

• Délayez la farine avec un peu d'eau froide.

• Dans un faitout, mettez 2 l d'eau, ajoutez-y la farine délayée, salez, portez à ébullition puis jetez-y les cardons et laissez blanchir 20 min (la farine atténue l'amertume des cardons et les rend plus blancs). Égouttez et rafraîchissez à l'eau froide. Réservez.

• Préparez un court-bouillon avec l'oignon piqué du clou de girofle, la sauge, le romarin et faites chauffer à 80 °C (eau frémissante) ; pochez alors les os à moelle pendant 20 min, hors du feu.

• Sortez les os, laissez-les un peu refroidir et extrayez délicatement la moelle (sans l'abîmer). Réservez au frais.

• Épluchez les échalotes, coupez-les en rondelles, faites-les suer dans une casserole avec le beurre, ajoutez le vinaigre, salez, poivrez et laissez mijoter doucement 10 mn. Réservez sur une assiette.

• Déglacez le jus de cuisson des échalotes avec un peu de court-bouillon. Réservez. Coupez la moelle en rondelles fines.

• Dans une terrine à gratin, disposez en couches : les cardons cuits, les rondelles de moelle, les échalotes. Arrosez la terrine avec le jus déglacé et faites cuire au four, thermostat 5, pendant 30 min. Servez bien chaud dans des assiettes préchauffées, en ajoutant un peu de fleur de sel.

Les carottes

Carotte 'Blanche de Kuttingen'

Daucus carota (Linné) (famille des Apiacées)

Originaire d'Europe, indigène en France, la carotte est une plante potagère bisannuelle. La variété 'Blanche de Kuttingen' est intéressante pour son parfum délicat (il faut l'utiliser jeune) et sa couleur. On la reconnaît bien sûr à sa couleur blanche (le collet est plutôt blanc sale) ; il s'agit d'une variété à racine enterrée. Celle-ci est assez longue, conique, quelque peu annelée. Les feuilles dressées, vert pré, sont assez fournies et hautes de 30 à 40 cm. La chair est douce et ferme, de bonne qualité. Aujourd'hui délaissée, sa sœur à collet vert est réservée aux lapins. Une autre variété autrefois très cultivée et appréciée, la carotte 'Blanche des Vosges', a complètement disparu de nos jardins. Les graines gardent leurs capacités germinatives pendant environ 4 ans.

Carotte grelot 'Marché de Paris'

Daucus carota (Linné) (famille des Apiacées)

Cette variété, déjà cultivée au siècle dernier, nous revient parfois sous d'autres noms. C'est l'une des plus précoces, et aussi la plus courte. La racine, en forme de toupie, rouge vermillon, plus claire côté pointu, est souvent plus large que longue, déprimée au collet ; le feuillage court (20 cm) est peu abondant et à port assez retombant. Cette variété, très hâtive ou tardive mais à développement rapide, s'arrache dès qu'elle a 4 ou 5 feuilles. C'est une excellente carotte que l'on utilise en primeur sans l'éplucher, juste brossée. Les variétés 'Thumbelina', 'Ondra' et 'Marché de Paris' que l'on trouve chez les grainetiers sont toutes trois du type « grelot ».

Carotte jaune 'Obtuse du Doubs'

Daucus carota (Linné) (famille des Apiacées)

Cette variété, couramment cultivée en plein champ pour le bétail et surtout pour les lapins, est très productive. C'est néanmoins une excellente carotte sucrée qui se conserve bien pendant l'hiver. La racine est longue, presque cylindrique, arrondie au bout (obtuse). La peau et la chair sont bien jaunes. Le feuillage abondant est dressé (30 cm de haut environ). Jeune et très sucrée, cette carotte est vraiment excellente en ragoût et en potage.

Carotte 'Violette de Grèce'

Daucus carota (Linné) (famille des Apiacées)

Cette variété, plus connue dans les pays plus chauds comme la Grèce, l'Espagne et le Portugal, est peu répandue en France. Autrefois appelée « carotte à confiture », elle a sûrement été délaissée parce qu'elle tache les mains. La racine fusiforme est mince, lisse et enterrée. La chair est violette à la périphérie et orange à l'intérieur. Très sucrée et parfumée, elle se prête bien aux décors ; il est bien dommage qu'elle perde un peu de cette belle couleur à la cuisson à l'eau ; surtout, ne la coupez pas en petits morceaux : il faut la cuire entière et préférer une cuisson à la vapeur, celle-ci n'altérant pas les couleurs. La couleur est également préservée avec la cuisson à la poêle ou en friture.

Culture

Pour les cultures hâtives, semez en place de début mars au 15 avril sur des lignes espacées de 25 à 30 cm, si possible en lune descendante. Semez assez clair (pour cela, mélangez les graines avec un peu de sable sec) dans un sol profond et riche en humus, à exposition ensoleillée ; recouvrez légèrement et plombez au râteau (dans une terre légère, vous pouvez même marcher dessus). Tenez la terre fraîche jusqu'à la levée, qui peut demander plus de 3 semaines.
Semez d'abord les carottes grelots qui ont un développement rapide et que vous pourrez récolter en primeur. Éclaircissez une première fois tous les centimètres, puis une seconde fois à 4 ou 5 feuilles (1 carotte sur 2) pour la première récolte ; continuez la récolte de la même manière. Les trois autres variétés peuvent se semer en 2 ou 3 fois entre le 15 mars et le 15 juin (les dernières étant destinées à la conservation). Les semis s'effectuent de la même façon que précédemment. Arrosez entre les rangs pendant les périodes de sécheresse.

Récolte et conservation

Récoltez les « carottes primeurs » au fur et à mesure de vos besoins environ 12 semaines après le semis, les premières récoltes servant d'éclaircissages supplémentaires. En été, les récoltes peuvent commencer environ 3 mois après le semis et se prolonger jusqu'en octobre.

Pour la conservation, les arrachages peuvent se faire, par temps sec, entre le 15 octobre et le 15 novembre. Laissez bien sécher les racines après avoir coupé les feuilles au ras du collet et conservez en cave dans du sable sec.
Il est aussi possible de laisser les dernières carottes semées en place et de les recouvrir éventuellement d'un peu de feuilles sèches, de tourbe blonde, de fougères sèches ou de paillettes de lin ; on peut ainsi continuer de récolter au fur et à mesure des besoins (si le sol n'est pas trop gelé) jusqu'à Pâques.

Utilisation

Les carottes se consomment crues, râpées, en vinaigrette, seules ou en mélange avec d'autres crudités ; ou cuites, dans des potages, seules ou avec d'autres légumes, sautées, à la crème, en ragoûts, en « chips », en confiture, dans des flans parfumés. On peut les mettre en lacto-fermentation ou en pickles avec d'autres légumes en dés et les consommer en accompagnement de viandes.

Les conseils du jardinier

- *Surveillez la levée et n'hésitez pas à effectuer un traitement à la roténone contre les attaques des araignées rouges.*
- *Effectuez des rotations sur au moins 3 ans.*
- *Le marc de café étalé sur les rayons ainsi que la présence d'œillets d'Inde sur les rangs éloigneront certains parasites.*

Flan de carottes violettes à l'agastache

PRÉPARATION : 50 min

CUISSON : 1 h

INGRÉDIENTS (4 personnes)

1,5 kg de carottes violettes + 8 carottes miniatures, 6 œufs, 80 g de beurre, 1 oignon, 20 g de feuilles d'agastache, sel, poivre, 3 cuillerées à soupe de sucre blanc, 1 cuillère à soupe de crème fraîche épaisse, le jus de 1 orange, 1 combava, (citron de la Réunion)

• Épluchez les carottes violettes. Réservez-en 4 et coupez les autres en rondelles. Épluchez et émincez l'oignon.

• Dans une casserole, faites fondre les carottes et l'oignon émincés avec 50 g de beurre, pendant 20 min, à feu doux. En cours de cuisson, salez, poivrez et ajoutez un peu d'eau.

• Beurrez 4 ramequins.

• Préchauffez le four, thermostat 7/8.

• Passez les carottes au moulin à légumes, grille fine, ajoutez l'agastache rincé et émincé au couteau, les œufs entiers et la crème fraîche ; mélangez bien au fouet. Rectifiez l'assaisonnement selon votre goût.

• Versez dans les ramequins et faites cuire au bain-marie 30 min. Laissez refroidir et démoulez.

Pour le sirop :

• Dans une casserole, faites fondre le beurre restant, ajoutez le sucre blanc, le jus d'orange et un peu de zeste de combava râpé ; laissez bouillir.

• Pendant ce temps, à l'aide d'un couteau économe, prélevez de fines lamelles sur les carottes réservées (une quinzaine environ). Plongez ces lamelles et les carottes miniatures bien lavées dans le sirop, pendant quelques minutes ; égouttez sur une assiette et réservez le sirop.

• Façonnez en rond quelques lamelles confites encore chaudes (réservez les autres pour le décor des assiettes). Entourez chaque flan d'un ruban de lamelles confites. Nappez le fond des assiettes d'un cordon de sirop, placez les flans au centre et disposez des ronds de carottes confites en demi-cercle ; ajoutez 2 carottes confites sur chacun d'eux.

Céleri à côtes dorées

Apium graveolens (Linné) var. *dulce* (Mill.) (famille des Apiacées)

Originaire d'Europe et d'Asie, le céleri à côtes dorées est cultivé pour ses côtes et son feuillage. Haute d'environ 40 à 50 cm, cette variété est excellente. C'est un céleri à feuillage découpé, jaune doré, compact, de taille moyenne mais de croissance rapide. Les pétioles ou côtes sont assez larges, charnus, canaliculés et cannelés. Leur odeur forte et quelque peu piquante se marie bien avec certains mets. Beaucoup d'obtentions actuelles (telle 'Golden Spartan') n'ont pas besoin d'être blanchies. Si cette plante aime l'eau, il faut savoir qu'elle craint l'humidité au niveau des feuilles en arrière-saison. Les variétés dorées sont plus sensibles au gel et devront donc être récoltées en général pour le 15 octobre. Durée germinative des graines : 7 ans en moyenne.

Culture

Effectuez les premiers semis en caissettes du 1er mars au 15 avril, de préférence en lune descendante, et tenez humide jusqu'à la levée qui demande de 10 à plus de 15 jours. Repiquez en godets de 7 lorsque les plants ont au moins 2 vraies feuilles. La mise en place s'effectue après le 15 mai (il faut compter plus de 2 mois après le semis), dans un sol frais et riche en humus.
Du 15 avril au début juin, vous pouvez aussi semer directement en place sur des lignes espacées de 40 à 50 cm, dans un sol frais, avec un apport de compost convenable (ce légume est gourmand de potasse et d'oligo-éléments). Lorsque les plantes ont 4 ou 5 feuilles, éclaircissez à 25-30 cm sur les rangs. Les plantes arrachées pourront être habillées (raccourcissez un peu les extrémités des grandes feuilles) et repiquées sur des rangs, aux mêmes distances que précédemment.
Entretenez par des binages réguliers en ramenant un peu la terre autour du collet ; buttez à partir du 15 août pour commencer le blanchiment. Assurez des arrosages copieux jusqu'à la récolte ou l'arrachage pour un blanchiment en cave. Effectuez éventuellement 2 ou 3 fertilisations foliaires à base de lithotamne à partir de la mi-juillet (poudrage le matin à la rosée). Pour le blanchiment sur place, liez les céleris au niveau de la base du limbe des feuilles 15 jours à 3 semaines avant la récolte, en effectuant les buttages en 2 ou 3 fois.

Récolte et conservation

Les pétioles se récoltent en général à partir du 15 septembre, au fur et à mesure des besoins, jusqu'à la mi-novembre (avant les fortes gelées). Une fois récoltés, ils doivent être utilisées dans les 3 jours (au-delà, ils ont tendance à devenir filandreux).
Pour le blanchiment et la conservation en cave, arrachez les pieds avec la motte, mettez-les en jauge dans du sable et utilisez selon les besoins (ils tiendront à peu près jusqu'à Noël).

Utilisation

Les côtes se consomment crues en salade ou cuites : en potages, pour parfumer les coulis, en sauce blanche, au jus, en gratin, dans les pot-au-feu, dans des tourtes et même dans des confitures.

Les conseils du jardinier

Évitez de mouiller les feuilles et arrosez de préférence le matin, entre les rangs (surtout en fin de saison quand les nuits deviennent trop froides).

Confiture de céleri à côtes et concombre

Préparation : 1 h + 1 h de macération

Cuisson : 55 min

Ingrédients (environ 12 pots de 240 g)

2 kg de concombres épluchés, 1 kg de céleri à côtes préparé, 1 citron non traité, 1/2 combava (citron de la Réunion) ou citron sec, ou 10 g de zeste de citron sec, 4 clous de girofle, 1,250 kg de sucre de canne roux, 1 kg de sucre de canne blanc, 50 cl d'eau de source, 4 g d'agar-agar

• Épluchez et coupez en dés le concombre, réservez.

• Lavez et effeuillez les branches de céleri, réservez les cœurs, effilez les côtes. Coupez les côtes en dés, coupez finement les feuilles et le cœur, réservez.

• Lavez le citron à l'eau chaude, coupez-le en 2 et pressez le jus ; prélevez les zestes.

• Dans une casserole, faites bouillir l'eau, jetez-y les zestes, faites cuire 5 min après la reprise de l'ébullition ; égouttez, rafraîchissez à l'eau froide et réservez. Passez le combava ou les zestes secs au moulin ; réservez.

• Dans une bassine à confiture, mettez le concombre, le céleri, les sucres, les zestes blanchis et le jus de citron. Laissez macérer jusqu'à ce que le sucre soit fondu en tournant de temps en temps.

• Portez à ébullition à feu vif, écumez. Après 10 min de cuisson, ajoutez le combava moulu et les clous de girofle entiers. Poursuivez la cuisson à feu modéré, en tournant régulièrement, pendant environ 30 min (les morceaux de céleri doivent être tendres sous la dent).

• Retirez les clous de girofle. Mixez partiellement, laissez réduire à feu doux pendant encore 10 min ; ajoutez l'agar-agar en poudre, remuez énergiquement et arrêtez la cuisson au bout de 5 min.

• Mettez en pots la confiture bouillante. Fermez hermétiquement et renversez les pots sur leur couvercle pendant environ 15 min.

Cerfeuil tubéreux

Chaerophyllum bulbosum (Linné) (famille des Apiacées)

Originaire d'Europe, cette plante potagère, utilisée depuis l'Antiquité, est très appréciée des gastronomes. Charles de l'Escluse fut le premier à faire connaître cette merveille dans un ouvrage publié en 1601 ; mais sa culture en France ne débuta que vers le milieu du XIXe siècle. C'est une plante bisannuelle dont les tiges florales peuvent s'élever à plus de 1,50 m. Les feuilles velues, très découpées, s'étalent en rosace sur le sol ; elles sont toxiques. Les inflorescences en ombelles sont de couleur blanche à rosée. Les racines renflées, de la forme d'une carotte courte, sont grisâtres ; la chair, blanche à jaune paille, farineuse et sucrée, a un goût de châtaigne. La durée germinative des graines n'est que de quelques mois.

Récolte et conservation

Dès que le feuillage est sec, arrachez les racines, laissez-les sécher environ 2 h sur le sol, puis rentrez-les en cave et conservez-les dans du sable sec ou bien mettez-les en silo (enterrées par exemple dans un tambour de machine à laver désaffectée). Les racines sont plus sucrées et plus parfumées après quelques mois de conservation ; elles peuvent se conserver jusqu'à Noël ou même mars de l'année suivante.

Culture

Les graines ayant une capacité germinative de courte durée, il est préférable de semer le cerfeuil tubéreux à l'automne qui suit la récolte des graines (entre le 15 octobre et le 15 novembre). Semez clair (vous pourrez pour cela mélanger les graines à du sable sec) sur des lignes distantes de 20 ou 30 cm ; recouvrez à peine les graines d'un peu de terre fine et plombez. Au printemps, lorsque les plants auront 3 ou 4 feuilles, vous éclaircirez à environ 10 cm. Cette culture doit se faire à exposition ensoleillée, dans une terre légère très riche en humus (effectuez un apport important de compost bien mûr). Il est possible de semer au printemps, à partir de février, mais il faut avoir au préalable stratifié les graines dans du sable ou bien les avoir conservées au congélateur. De toute façon, les graines ne lèvent qu'au printemps (même celles qui ont été semées à l'automne). Assurez des binages et des arrosages réguliers jusqu'à ce que le feuillage jaunisse et se dessèche (juillet-août).

Utilisation

Les racines se consomment cuites : en accompagnement de viandes blanches, dans des farces, en purées, en soufflés, en veloutés.

Les conseils du jardinier

- *Il existe une autre variété à racines plus volumineuses, de couleur jaune, mais dont la saveur est moins fine.*
- *Il est préférable de récolter soi-même les graines puisqu'elles ont une capacité germinative très brève.*

Paupiettes de poulet au cerfeuil tubéreux

PRÉPARATION : 40 min

CUISSON : 1 h

INGRÉDIENTS (4 personnes)

4 escalopes de poulet, 1 noix de beurre, sel, poivre

FARCE :

100 g de cerfeuil tubéreux, 500 g de petites carottes, 150 g de foies de volaille, 150 g de poitrine de porc fraîche, 2 gousses d'ail, 2 échalotes, 2 œufs, 4 feuilles de persil, 1 cuillère à soupe de crème fraîche épaisse, 20 cl de lait, 50 g de pain rassis, 150 g de champignons de Paris (frais), 1 pincée de quatre-épices, 1 cuillère à soupe d'armagnac

COULIS :

50 cl de crème fraîche liquide, 75 g de fleurs ou de feuilles de fenouil bronzé

Pour la farce :

• Coupez environ 100 g de carottes en petits dés et faites cuire les dés et les carottes entières 10 min à la vapeur ; laissez refroidir et réservez.

• Râpez le cerfeuil ; faites tremper le pain dans le lait et réservez.

• Hachez le porc, les foies de volaille, les échalotes, l'ail, le persil et mettez le tout dans un saladier en y ajoutant le pain (après l'avoir pressé dans vos mains), les champignons émincés, du sel, du poivre, les épices, les œufs, la crème épaisse et l'armagnac ; mélangez bien le tout. Incorporez délicatement le cerfeuil râpé et les dés de carotte cuits ; mélangez bien.

Pour les paupiettes :

• Sur le plan de travail, déroulez une feuille de film alimentaire et déposez-y une escalope de poulet en l'étalant bien. Garnissez-la avec de la farce et roulez l'escalope farcie avec le film ; fermez les extrémités en nouant le film. Réalisez de la même façon 3 autres paupiettes.

• Faites cuire les paupiettes à la vapeur pendant 40 min. Pendant ce temps, faites fondre le beurre et poêlez les carottes restantes.

Pour le coulis :

• Faites chauffer doucement la crème liquide avec les fleurs ou les feuilles de fenouil bronzé, laissez réduire 10 min environ et mixez. Passez au chinois, salez et poivrez légèrement.

• Coupez les paupiettes en petites tranches, disposez-les en demi-cercle sur les assiettes, versez-y un peu de coulis et ajoutez les carottes.

Chardon Marie

Silybum marianum (Gaertner) (famille des Astéracées)

Cette plante bisannuelle est originaire de tout le pourtour méditerranéen. Utilisée depuis l'Antiquité, elle aurait été oubliée si on n'avait redécouvert ses grandes vertus médicinales. Assez couramment employé dans les jardins d'agrément comme plante d'ornement, le chardon Marie est robuste, avec une hampe florale rameuse atteignant jusqu'à 1,50 m de haut. Les feuilles, d'un beau vert brillant, marbrées de blanc sur le dessus, à bords découpés et munis d'épines de couleur jaune, peuvent atteindre 70 cm de long sur 30 cm de large. La nervure principale et le pétiole des feuilles de la base sont assez larges et charnus. Les capitules pourpres, d'environ 3 à 5 cm de diamètre, entourés d'involucres à bractées épineuses, s'épanouissent, en été, à l'extrémité d'un long pédoncule dressé. Les graines (ou akènes), de forme ovale, longues d'environ 6 mm, d'un noir brillant, contiennent une huile aux multiples propriétés médicinales : elles sont apéritives, toniques, hémostatiques, tonivasculaires, protectrices du foie, etc.

Culture

De culture facile, le chardon Marie se sème dès février : déposez 2 graines dans des godets remplis d'un mélange de terreau et de sable de rivière, recouvrez d'environ 1 à 2 cm du même mélange, arrosez et maintenez à une température d'au moins 15 °C ; la levée s'effectue en général au bout de 2 semaines. Ne gardez qu'un pied par godet et repiquez lorsque les plants ont 4 feuilles, à 80 cm sur des lignes espacées de 1 m, à exposition ensoleillée, dans un sol bien drainé riche en humus. Pour avoir des feuilles plus tendres, il faut arroser régulièrement, bien que la plante soit capable de supporter la sécheresse.
Vous pouvez aussi semer directement en place en septembre, 2 ou 3 graines tous les 40 cm ; arrosez légèrement pour faciliter la levée. L'éclaircissage ne se fera qu'en février ou mars.
Cette plante ne craint pas les gelées. Pour une récolte plus étalée, on peut donc effectuer des semis d'automne et de printemps.

Récolte et conservation

Les différentes parties de la plante étant comestibles, on peut donc faire des récoltes à différentes époques :
– récoltez les feuilles jeunes et tendres, ou lorsqu'elles ont atteint un plus grand développement afin d'utiliser aussi les côtes (comme les cardons) ;
– les capitules juste avant qu'ils ne s'ouvrent ou dès qu'ils sont ouverts ;
– les racines dès que les plantes commencent à monter à fleurs ;
– les graines mûres et sèches.

Utilisation

Les feuilles se consomment crues en salade, ou cuites à la façon des épinards ou des cardons.
Les réceptacles (fonds des capitules) se mangent comme les artichauts et ont un petit goût de miel.
Les racines peuvent aussi se préparer en ragoûts et même en confiture.
Avec les graines, on fait une bonne huile pour assaisonner des salades originales ; moulues, elles peuvent être incorporées dans des pains spéciaux.

Les conseils du jardinier

Profitez des semis spontanés la deuxième année, soit pour votre consommation, soit pour les repiquer.

Moelleux et beignets de chardon Marie, jus silybum

Préparation : 1 h 5

Cuisson : 12 à 14 min

Ingrédients (5 personnes)

230 g de sucre, 50 cl d'eau, tiges, feuilles et fleurs de chardon Marie, huile de friture

MOELLEUX :

190 g pâte d'amande à 50 % minimum, 180 g d'œufs, 50 g de beurre fondu, 1 zeste de citron jaune râpé, 5 g de sirop de cuisson, 10 g de farine type 55, 10 g de fécule de pomme de terre

PÂTE À BEIGNETS :

125 g farine, 40 g de beurre fondu, sel et sucre, 1 œuf, 10 cl de crème fraîche, 7 cl d'eau, 3 g de levure

- Faites bouillir 230 g de sucre avec 50 cl d'eau, jetez-y les tiges pelées des chardons Marie ainsi que les réceptacles des fleurs parés et les pétales (réservez les feuilles les plus tendres pour la décoration). Retirez du feu lorsque vous pouvez enfoncer une fine lame de couteau dans les tiges.

- Coupez les tiges en dés (vous pouvez réserver les réceptacles pour la décoration, ils cuisent plus rapidement). Passez au chinois ce sirop. Réservez au frais.

- Préparez la pâte à beignets en mélangeant tous les ingrédients.

- Mélangez tous les ingrédients des moelleux au robot, puis additionnez 80 g de tiges confites sans les broyer. Répartissez dans des moules à tartelettes et faites cuire pendant 12 à 14 min au four à 170 °C.

- Coupez aux ciseaux les bords piquants des jeunes feuilles tendres ; n'oubliez pas de mettre des gants.

- Trempez dans la pâte à beignets autant de feuilles que vous souhaitez par convive. Faites frire à grande friture et saupoudrez de sucre sur du papier absorbant.

- Démoulez les moelleux et servez légèrement tièdes, accompagnés des beignets, en répartissant dessus le sirop, les pétales (rose magenta) et éventuellement les réceptacles.

Recette de :
Michèle et Philippe Brun-Cacaud
Hôtel-restaurant du haut Allier
43580 Le Pont-d'Alleyras
Tél. : 04 71 57 57 63
Fax : 04 71 57 57 99

Chayotte ou christophine

Sechium edule (Swartz) (famille des Cucurbitacées)

Cette plante vivace (mais craignant les gelées sous nos climats) nous vient du Mexique et de l'Amérique centrale ; elle est encore peu cultivée en France. Les tiges grimpantes de plusieurs mètres de long (jusqu'à plus de 10 m) s'accrochent au moyen de vrilles. Les grandes feuilles, vert moyen, sont aussi larges que longues (environ 15 cm). Les fleurs mâles, petites, blanc verdâtre, naissent en grappes à l'aisselle des feuilles ; les fleurs femelles, également petites, blanc verdâtre à jaune pâle, sont solitaires et séparées. Les fruits ovoïdes à piriformes, de couleur blanc laiteux à vert clair, mesurent de 10 à 15 cm de long et pèsent de 200 à 800 g. La chair blanche à blanc verdâtre est ferme. Des tubercules se développent sur les racines ; ils pèsent de 300 g à quelques kilos et sont comestibles jeunes. Le fruit renferme une graine au tégument mince, dite aussi « cœur » ou « germe » ; la capacité germinative n'est que de quelques mois.

Culture

En février ou mars, plantez les fruits entiers (bien mûrs) dans des grands pots remplis d'un mélange de tourbe brune, de terre de jardin et de sable ; placez-les à la lumière, dans un endroit chauffé. Lorsque les plants ont atteint une vingtaine de centimètres, mettez-les en place (de préférence sous tunnel), à exposition ensoleillée, plutôt dans un sol sablonneux, avec leur motte, dans des poquets enrichis de 2 pelletées de compost et espacés d'au moins 2 m. Installez un treillis pour leur permettre de grimper. Effectuez des arrosages réguliers et abondants. La fructification ne commence en principe que lorsque les jours raccourcissent (septembre). Chaque plante peut donner de nombreux fruits qui se développent et grossissent très rapidement.
La culture en extérieur peut s'effectuer sans problèmes dans les régions au climat doux.
Juste avant les gelées, vers la fin octobre, coupez les tiges à 20 cm du sol et effectuez un paillage de protection. Les plantes ainsi protégées se maintiendront plusieurs années.

Récolte et conservation

Afin d'éviter l'envahissement et « l'étouffement », récoltez les extrémités des tiges et les gourmands tendres. Ils se conservent environ 2 jours dans le bas du réfrigérateur.
Les fruits se récoltent lorsqu'ils ont atteint une belle taille (environ 400 g) ; lorsqu'ils sont mûrs, ils se gardent plusieurs mois dans un endroit frais.
On peut aussi, à la fin de la deuxième année, fouiller la terre, sans arracher les pieds, pour rechercher des tubercules au bout des racines ; ils doivent être consommés rapidement car ils se dessèchent vite et moisissent.

Utilisation

Les extrémités tendres se consomment cuites, cuisinées comme les haricots verts, en accompagnement du riz (c'est le brède « chouchou » de la Réunion), à la crème, etc. Les fruits se mangent crus ou juste ébouillantés, dans des salades, cuits en gratin, etc. Les tubercules se préparent comme les pommes de terre. Les « germes » peuvent entrer dans des préparations de « rougails » (sauces crues d'accompagnement).

Les conseils du jardinier

Pour bien se développer, la chayotte a besoin de grimper, sur le sol elle végète ; il faut donc prévoir des supports importants.

Chénopode Bon-Henri

Chenopodium bonus-henricus (Linné) (famille des Chénopodiacées)

Originaire d'Europe et d'Asie, cette plante est sans doute cultivée depuis l'époque gallo-romaine ; aujourd'hui délaissée, presque inconnue, elle côtoie pourtant les abords de nos vieilles habitations de villages. C'est une plante vivace, de culture très facile. Hautes de 50 à 80 cm, les tiges sont légèrement cannelées et portent de petites fleurs verdâtres réunies en grappe serrée non feuillée. Les feuilles triangulaires, longuement pétiolées, sont alternes, de couleur vert foncé dessus, plus pâles dessous car elles sont recouvertes d'une pruine farineuse. Les graines petites et noires conservent leurs capacités germinatives pendant environ 5 ans.

Culture

Cette plante très rustique peut produire abondamment pendant plusieurs années, s'étoffant même au cours du temps.
Semez en pépinière en automne ou au printemps. Pour les semis de printemps, il est souhaitable de stratifier les graines ou de les passer quelque temps au congélateur afin de provoquer l'éveil de la dormance (vernalisation). Repiquez en place lorsque les plants ont 4 ou 5 feuilles, en les espaçant de 40 cm sur des lignes distantes de 50 cm, en sol frais et riche en humus, même à l'ombre. Pratiquez des binages réguliers et quelques arrosages, plus fréquents en été (cela permet d'obtenir une plus grande production et des feuilles plus grandes et plus tendres) ; un paillage avec de la paille menue ou des feuilles sera le bienvenu. Le pincement (et l'utilisation) des tiges florales favorise le développement des feuilles.
À partir de la deuxième année, apportez entre les rangs un fumier pailleux avant l'hiver. Vous pourrez laisser les plants à la même place pendant environ 5 ans et opérer, comme pour les fraisiers, une rotation continue sur 5 rangs en renouvelant un rang tous les ans par division des touffes au printemps.

Récolte et conservation

On consomme les feuilles et les hampes florales. La récolte se fait au fur et à mesure du développement et des besoins. Ne récoltez que ce qui est nécessaire car elles flétrissent rapidement ; utilisez-les dans la journée ou bien lavez-les et enfermez-les dans des sacs de plastique dans le bas du réfrigérateur, où elles se conserveront 2 jours. Vous pouvez aussi les congeler comme les épinards.

Utilisation

Les feuilles s'utilisent crues, dans des salades, ou cuites, dans des soupes avec d'autres légumes ou cuisinées à la manières des épinards.
On peut cuire les hampes florales en les gardant légèrement croquantes et les accommoder comme les asperges : en sauce à la crème, à la vinaigrette...

Les conseils du jardinier

Cette plante étant rustique, il faut lui trouver une place pour environ 5 ans, qui ne gêne pas l'aménagement du jardin.

Chervis

Sium sisarum (Linné) (famille des Apiacées)

Probablement originaire d'Europe et d'Asie, le chervis a été introduit en France, *via* la Russie et l'Allemagne, au XVe siècle et a été cultivé couramment jusque vers 1870 ; de nos jours, seuls quelques collectionneurs ou amateurs passionnés s'y intéressent encore. C'est une plante vivace dont les tiges hautes de plus de 1 m portent de petites fleurs blanches en ombelles comportant environ 25 rayons. Les feuilles, à lobes lancéolés dentés, sont de couleur vert foncé luisant. Les racines nombreuses, en faisceau à partir du collet, sont longues et plus ou moins renflées (elles ressemblent un peu à celles du dahlia), de couleur blanc sale ; leur chair est blanche et ferme, parfois ligneuse au centre, mais toujours douce, fine et sucrée. Les graines de chervis oblongues, brunes, conservent leurs capacités germinatives pendant 3 ans.

Culture

Semez en pépinière en automne ou au début du printemps. Mettez en place lorsque les pieds ont 4 ou 5 feuilles. La plantation doit s'effectuer dans un sol frais, fertile et enrichi de fumier bien décomposé, à exposition ensoleillée ; espacez les pieds de 30 cm sur des lignes distantes de 40 cm. Les semis de septembre-octobre ont un coefficient de réussite bien supérieur ; pour les semis de printemps, stratifiez les graines dans du sable jusqu'à début mars. Les semis et les plantations s'effectuent de préférence en lune descendante ou vieille lune (2 ou 3 jours avant la nouvelle lune).

Vous pouvez aussi multiplier la plante par division des touffes en mars ou avril ; la plantation se réalise alors comme précédemment, mais cela permet de sélectionner les meilleurs pieds : nombreuses racines bien renflées et pas ou peu de partie lignifiée au centre.

Binez et arrosez régulièrement ; un paillage est recommandé durant la période sèche.

Récolte et conservation

La récolte des racines se fait au fur et à mesure des besoins à partir du mois d'octobre. Ne récoltez plus lorsque les pieds « repartent ». Un bon paillage de feuilles sèches ou de fougères protège la plante du gel et permet un arrachage plus aisé.

Les racines ne se conservent au frais que quelques jours (mais elles sont bien meilleures consommées le jour même).

Utilisation

Les racines se mangent cuites, à la crème, en béchamel, en salade, au jus, dans des mini-tourtes, dans les bouillons, frites, etc.

Les conseils du jardinier

Changez les plants de place tous les ans, ou coupez les inflorescences dès leur apparition pour les laisser 2 ans en place (faites alors un apport de compost au début d'avril).

Chicorée asperge

Cichorium intybus (Linnée) (famille des Astéracées)

Encore appelée « chicorée de Catalogne », cette plante bisannuelle serait originaire de cette région d'Espagne. Elle est très cultivée et apprécié en Italie. Ses feuilles longues, dentelées, dressées et serrées ressemblent à celles du pissenlit ; elles sont cependant plus grandes, avec des côtes plus larges. Les tiges florales, de couleur blanche, trapues et très ramifiées, se forment au printemps de la deuxième année, au cœur de la plante ; si on coupe la tige il s'en reforme une autre que l'on pourra aussi récolter. Durée germinative des graines : environ 7 ou 8 ans.

Culture

Semez en place, en lune décroissante, de juin à septembre sur des lignes espacées de 30 à 50 cm dans un sol fertile, frais et profond, à exposition ensoleillée (plutôt au soleil levant). Environ 1 mois à 1 mois et demi plus tard, éclaircissez les plantes à une distance de 20 à 30 cm, binez et buttez légèrement. Les plants arrachés peuvent être repiqués dans les mêmes conditions d'espacement mais le repiquage provoque parfois la montaison dès la première année ; préférez donc les semis directs. Binez et arrosez régulièrement pendant la période estivale. Rarement malade ou attaquée par des parasites ou prédateurs, cette chicorée est une plante sans problème ; il est seulement souhaitable d'enlever les pieds qui monteraient à graines prématurément.

Récolte et conservation

Les feuilles se coupent, au ras du sol, dès le début de l'automne et jusqu'en hiver. Elles doivent alors se consommer très rapidement (dans les 2 jours), aussi ne coupez que ce qui est nécessaire.
Au printemps de l'année suivante, coupez les tiges florales, tendres, à l'état jeune ; elles se conservent 2 ou 3 jours au frais.

Utilisation

Les feuilles s'utilisent crues en salades ou cuites comme les épinards (mais elles sont légèrement amères).
Les tiges florales se consomment cuites, comme les asperges, en vinaigrette, au jus, à la crème, au gratin.

Les conseils du jardinier

Par temps sec, vers la fin octobre, buttez un peu plus les lignes de chicorées. Un peu plus tard (fin novembre, début décembre) étalez entre les rangs de la menue paille, des feuilles sèches, des fougères sèches ou des paillettes de lin ; cela protégera les plantes des rigueurs de l'hiver et ainsi elles démarreront plus vite au printemps.

Chicorée 'Blanche de Chioggia'

Cichorium intybus (Linné) (famille des Astéracées)

Il s'agit d'une chicorée sauvage améliorée très connue en Italie, du même type que la chicorée de Vérone ou de Trévise. Ses larges feuilles blanches, parfois mouchetées de pourpre, forment de très grosses pommes serrées pouvant dépasser 1 kg ; la racine est assez longue et grêle. Cette variété, plus résistante au gel que la chicorée rouge, peut être récoltée jusqu'en mars ; très peu ou pas amère, elle est très appréciée pendant la saison hivernale. Les graines conservent leurs capacités germinatives durant environ 7 ans.

Culture

Semez directement en place du début du mois de juin au 20 juillet, en lune descendante, sur des lignes espacées de 30 à 50 cm, dans un sol profond riche en humus mais sans excès d'azote, à exposition ensoleillée. Lorsque les plants ont 4 ou 5 feuilles, éclaircissez à 5-8 plantes au mètre linéaire. Les plants enlevés pourront être habillés (coupez l'extrémité des feuilles et des racines) et repiqués à intervalles de 40 cm sur des lignes espacées de la même distance. Binez et arrosez régulièrement jusqu'aux gelées. À partir d'octobre, un léger effeuillage à la base favorise la pommaison pendant l'hiver.
Cette chicorée n'est pas sujette à des maladies particulières, mais elle est très appréciée des campagnols qui mangent les racines et les pommes (de l'intérieur) à la fin de l'automne et pendant l'hiver. Vous devrez donc cultiver plus de plants que nécessaire ou poser des pièges.

Récolte et conservation

Les « biancas » se récoltent lorsqu'elles sont bien pommées, au fur et à mesure, selon les besoins. Coupez-les à l'aide d'un couteau ; une fois récoltées, elles se conservent au frais 1 bonne semaine. Vous pouvez aussi les arracher et les conserver (en enterrant les racines dans du sable humide) pendant pratiquement 1 mois.

Utilisation

Les feuilles se consomment crues en salade ou cuites, braisées, farcies, au gratin, au jus, à la crème, etc.

Les conseils du jardinier

Plus les plants sont espacés sur les lignes, plus les pommes sont grosses et, les plants étant ainsi plus aérés, la pourriture due à l'humidité de l'arrière-saison ne peut se développer.

Chicorée de Bruxelles

Cichorium intybus (Linné) (famille des Astéracées)

Cette plante potagère est bien connue de nos jardins. Communément appelée, à tort, « endive », c'est en fait une chicorée sauvage, considérée comme une sous-variété de la chicorée à grosse racine de Magdebourg que l'on nomme encore « chicorée Witloof » ou « chicon ». Elle est constituée d'un ensemble de feuilles à larges côtes, étiolées (blanchies) artificiellement et formant une pomme allongée, de couleur blanche à jaune paille, pouvant atteindre la taille d'une bouteille de 75 cl.

Culture

Les semis se font en général entre le 15 mai et le 15 juin en lune descendante, quelques jours avant la nouvelle lune ; si l'on sème trop tôt, une grande proportion de plantes monteront à graines rapidement et devront être arrachées. Semez sur des lignes espacées de 20 à 30 cm, dans un sol profond et humifère, avec un apport d'azote convenable. Entre le 15 juin et le 10 juillet, éclaircissez à 10-15 cm sur les rangs. Les plantes arrachées pourront être habillées (coupez l'extrémité des feuilles et des racines) et repiquées sur des rangs. Entretenez par un binage et un arrosage réguliers.

Au mois d'octobre, les plantes auront atteint leur complet développement et les racines seront au moins de la taille d'un manche de bêche (elles peuvent peser jusqu'à 500 g). Arrachez-les alors, coupez les feuilles à environ 3 ou 5 cm du collet (ne gardez que la pousse principale) et raccourcissez les racines à 15 cm ; laissez-les sécher pendant 2 à 8 jours sur la terre ou à l'abri (en cas de pluie).

À un endroit ensoleillé et bien drainé, préparez un silo de 80 cm de large sur la longueur nécessaire pour contenir vos racines ; ameublissez le fond sur une profondeur de 15 cm. Installez vos racines debout (les collets à la même hauteur) en les piquant dans la terre ameublie, en comblant les intervalles avec de la terre. Entourez ce silo de planches hautes de 20 à 25 cm et comblez l'intérieur de terre sèche et fine, de sable sec ou d'un mélange des deux ; recouvrez d'un peu de paille ou de feuilles sèches puis d'une tôle ondulée. Pour obtenir plus vite les chicons (1 mois), ajoutez sur la partie à chauffer 30 cm de fumier frais. Il est aussi possible de forcer les plantes en cave, dans des bacs (dans le noir).

Récolte et conservation

Les endives se récoltent quand elles ont 15 cm de long, selon les besoins. Coupez-les à l'aide d'un couteau, avec 0,50 cm de collet. Une fois récoltées, elles peuvent se conserver au frais 1 semaine, dans le noir ; mais elles sont bien meilleures consommées le jour même ou au plus tard le lendemain.

Utilisation

Les endives se consomment crues en salade ou cuites, cuisinées de diverses manières.

Les conseils du jardinier

- *Pour empêcher les attaques des campagnols, mettez une grille dans le fond du silo.*
- *Pour obtenir une deuxième récolte (moins importante), coupez les endives de façon à conserver l'œil.*
- *N'oubliez pas de supprimer les racines latérales (qui nuiraient au bon rangement dans le silo) et qui n'apporteraient rien de plus au développement.*

Éventails de chicon au basilic & noix de Saint-Jacques et beurre de corail

PRÉPARATION : 40 min

CUISSON : 55 min

INGRÉDIENTS (6 personnes)

6 beaux chicons (endives) de pleine terre, 12 Saint-Jacques en coquille, 24 belles feuilles de basilic + quelques brins, 1 échalote, 1 verre de vin blanc, 5 cl de vinaigre de cidre, macis moulu, 200 g de beurre, huile d'olive, sel, poivre

• Coupez la base des chicons en les laissant le plus entiers possible et lavez-les.

• Beurrez une cocotte, placez les chicons l'un à côté de l'autre, salez, poivrez légèrement, mouillez aux 2/3 de la hauteur et placez en guise de couvercle, mais aussi pour aplatir, 4 ou 5 assiettes creuses sur les chicons. Faites cuire à petite ébullition jusqu'à pouvoir les transpercer avec un couteau sans effort ; en principe, tout le jus sera quasi évaporé. Égouttez les chicons (cette première partie de la recette peut se faire la veille)

• Coupez chaque chicon en 2 et ouvrez chaque moitié en éventail. Placez 6 éventails sur le plan de travail, disposez 4 feuilles de basilic sur chacun d'eux puis superposez les 6 autres moitiés.

• Décoquillez et parez les Saint-Jacques, rincez-les, séparez les coraux des noix ; réservez.

• Hachez finement l'échalote et faites-la suer, à feu doux, avec un peu de beurre ; mouillez au vin blanc et laissez réduire de moitié. Ajoutez alors les coraux et reprenez doucement la cuisson pendant 5 min. Ajoutez le vinaigre et, après 1 min, mixez ; réservez.

• Poêlez au beurre les éventails de chicon, retournez-les à l'aide d'une spatule, laissez dorer, réservez au chaud.

• Faites griller les noix de Saint-Jacques huilées 2 à 3 min de chaque côté.

• Réchauffez le coulis de corail et ajoutez en fouettant le reste du beurre en petits morceaux ; poivrez et ajoutez un peu de macis moulu (ou à défaut un peu de noix muscade râpée). Dressez les éventails sur les assiettes, placez les noix au centre après avoir nappé du coulis de corail ; décorez d'un petit bouquet de basilic.

Les conseils de Claude Polhig

• Faites cuire les chicons la veille, ils seront plus faciles à travailler.

• Utilisez un vin blanc de caractère, mais sec (sancerre, par exemple).

• Les chicons ou endives de pleine terre se reconnaissent a leur base très large.

Recette de Claude Polhig

Maître cuisinier de Belgique
Traiteur
12, rue Chaumont-Gistoux
Belgique
Tél/Fax : 010/68 06 56

Chou branchu de Daubenton

Brassica oleracea (Linné) var. *acephala* (Acefeld) (famille des Brassicacées)

Originaire d'Europe et d'Asie, cette variété de chou vert, dont fait partie aussi le « chou cavalier », est vivace – ou tout au moins peut vivre 2 ou 3 ans à la même place. Haut de 50 à 70 cm, ce chou buissonnant émet de nombreux rejets, à l'aisselle des feuilles, autour d'une tige principale ; ceux-ci sont d'ailleurs très tendres dès le début du printemps. Les feuilles d'assez petite taille, de couleur vert moyen, parfois violacées sur le pourtour légèrement dentelé, sont de forme ovale. Leur goût, mélange de sucré et d'amande légèrement amère, est délicieusement fruité et discret. Je n'ai jamais vu fleurir cette variété. Elle fait à mon sens partie des indispensables au jardin du gastronome.

Culture

Ce chou se multiplie par boutures que l'on prélève sur les pieds de l'année précédente. À l'intérieur, à partir du 15 mars, prélevez sur les tiges principales des rejets d'environ 10 à 12 cm ; enlevez les feuilles du bas (conservez-les pour les consommer) et plantez-les dans des godets de 9 remplis d'un mélange de compost (1/3), de terre de jardin (1/3) et de sable (1/3) ; pensez à serrer la terre au collet. Arrosez et maintenez la terre fraîche pendant la période de reprise. De fin avril à fin mai, mettez en place à 70 cm sur des lignes espacées de la même distance. À partir du 15 mai, bouturez directement en place. Binez et arrosez régulièrement. Quand les plants sont suffisamment grands, effectuez un léger buttage. Ces premières boutures prendront le relais des pieds de l'année précédente. Vous pourrez recommencer l'opération au mois de septembre.

Un léger apport de corne broyée, de compost ou de fumier est nécessaire au printemps et à l'automne ; incorporez-le à l'occasion d'un binage.

Ce chou est une plante sans problème, mais les aleurodes sont parfois envahissants ; vous les combattrez par un lâcher de prédateurs, des encarsias, vers le début juin. Pour maintenir les encarsias, plantez des pieds de tabac.

Récolte et conservation

La récolte des feuilles et des jeunes pousses se fait au fur et à mesure des besoins (pratiquement toute l'année). Cependant, c'est au printemps qu'elles sont les meilleures. Elles peuvent se conserver plusieurs jours au frais.

Utilisation

Ce chou se consomme cru en salade ou cuit, dans des soupes, à la crème, en béchamel, au jus, dans des quiches aux lardons, etc.

Les conseils du jardinier

Les pieds peuvent rester en place 2 à 3 ans, mais il vaut mieux les renouveler par rotation jusqu'à 2 fois par an ; si vous les laissez plusieurs saisons, pensez à les installer dans un endroit où ils ne gêneront pas le labour.

Soupe paysanne au chou de Daubenton

PRÉPARATION : 20 min

CUISSON : 1 h

INGRÉDIENTS (4 personnes)

400 g de poitrine demi-sel, 200 g de lard fumé, 2 saucisses fraîches, 800 g de feuilles de chou de Daubenton, 8 pommes de terre moyennes, 8 carottes, 4 petits navets ou raves, 2 panais, 200 g de haricots tarbais, 1 oignon, 1 clou de girofle, sel, poivre, bouquet garni

- Dans un faitout, mettez 4 à 5 l d'eau, ajoutez l'oignon piqué du clou de girofle, le bouquet garni, la poitrine et le lard fumé ; portez à ébullition, écumez si nécessaire, et laissez cuire 20 min. Pendant ce temps, lavez et épluchez les légumes.

- Après les 20 premières minutes, ajoutez les saucisses et tous les légumes. Laissez cuire doucement pendant 40 min ; 20 min avant la fin, goûtez et rectifiez l'assaisonnement en sel et poivre.

- Servez bien chaud, en partageant la viande et les légumes.

- Dans une coupelle, mettez à disposition de petites « lichettes » de pain de campagne ou de pain de seigle ; chacun se servira selon son goût.

Chou brocoli 'Romanesco'

Brassica oleracea var. *botrytis* (Linné) (famille des Brassicacées)

Les choux brocolis seraient arrivés en Italie dès le XVIIe siècle ; depuis le début du XIXe siècle, on en cultive plusieurs types dont le 'Romanesco', qui est une variété d'automne et d'hiver. C'est une magnifique sélection qui produit de remarquables inflorescences, aussi appelées « pommes » ; de couleur jaune verdâtre, elles sont constituées de bourgeons floraux coniques arrangés en une belle spirale pointue. La plante est plus fournie en feuilles que les variétés d'été puisque le feuillage joue un rôle de protection pendant l'arrière-saison (fin d'automne et hiver). Son goût est des plus fins et on pense qu'elle est plus digeste. Les pommes pèsent environ 1 kg. Les graines conservent leurs capacités germinatives pendant 5 ans.

Récolte et conservation

La récolte se fait dès que les pommes sont bien formées et développées, à partir d'octobre et jusqu'à fin novembre, voire décembre dans certaines régions au climat plus clément. Les pommes récoltées peuvent se conserver environ 1 semaine au frais, dans le noir, mais elles sont bien meilleures consommées dans la journée.

Culture

En général, le semis s'effectue en lune descendante de juin et de juillet. Il est recommandé de semer directement en place. Semez 2 ou 3 graines dans des poquets espacés de 50 cm sur des rangs distants de 80 à 90 cm, à exposition ensoleillée, dans un sol profond enrichi de compost. Recouvrez les graines de 5 à 15 mm de terre et arrosez suffisamment et régulièrement jusqu'à la levée, qui demande environ 1 semaine. Prévenez les attaques des altises par un traitement à la roténone tous les 3 jours. Lorsque les plants ont 4 ou 5 feuilles, ne laissez qu'un plant par poquet, continuez les binages et les arrosages jusqu'à ce que les pieds aient atteint 30 cm. Effectuez alors un binage avec un léger buttage et installez une couverture du sol avec une bonne couche de paille. Maintenez des arrosages copieux (lorsque cela est nécessaire) jusqu'à la récolte qui débute en général environ 85 jours après l'éclaircissage.

Utilisation

Les pommes se mangent crues en salade ou cuites, à la crème, en béchamel, au gratin, au jus, dans des tourtes, etc.

Les conseils du jardinier

Pour la récolte, arrachez le pied, coupez la pomme et jetez le pied sur le tas de compost.

Les choux de Chine

Pak-choï

Brassica var. *chinensis* (Linné) (famille des Brassicacées)

Apprécié en Chine bien avant notre ère, ce chou a été introduit en Europe au XVIIIe siècle, où on l'a cantonné essentiellement dans les jardins botaniques. Considéré comme difficile à cultiver, il est resté en retrait sans pour cela tomber dans l'oubli. Ses feuilles ovales, dressées, avec de longs pétioles épais de couleur blanc laiteux ou vert clair, ont un limbe vert foncé luisant. La plante nous rappelle plus la blette que le chou. Haute de 30 à 50 cm, elle a une croissance rapide, ne pomme pas, mais peut atteindre un poids de 5 kg. Il s'agit d'une espèce bisannuelle qui fleurit jaune dès le début du printemps de la deuxième année. Durée de la capacité germinative des graines : 5 ans.

Pé-tsaï

Brassica var. *pekinensis* (Loureiro) (famille des Brassicacées)

Originaire de Chine, ce chou à pomme allongée ressemble plus à une laitue romaine qu'à un chou. Introduit en France au XVIIIe siècle, il y subira le même sort que le précédent ; il semble connaître à l'heure actuelle un regain d'intérêt, grâce aux variétés devenues plus performantes. Ses feuilles cloquées, à bord ondulé, longues et dressées, présentent de larges côtes ; les feuilles extérieures, en rosette, sont de couleur vert pâle, celles de l'intérieur sont blanc paille. La plante forme une pomme plus ou moins serrée et longue, atteignant jusqu'à 35 cm de hauteur pour un poids pouvant approcher 3 kg. Espèce bisannuelle, elle produit des fleurs hermaphrodites jaunes dès le début du deuxième printemps. Durée de la capacité germinative des graines : 5 ans.

Les choux pé-tsaï peuvent se récolter de septembre à février dans le Midi.

Culture

Le pak-choï et le pé-tsaï se cultivent de la même façon.

Semez en lune descendante, de la mi-juillet à la mi-août (la Sainte-Marie-Madeleine, le 22 juillet, est un bon repère) ; semez 2 ou 3 graines tous les 30 cm sur des lignes espacées de 40 à 50 cm dans un sol riche et frais, à exposition ensoleillée. Arrosez copieusement et régulièrement. Lorsque les pieds ont 3 ou 4 feuilles, n'en gardez qu'un tous les 30 cm ; vous pourrez utiliser les plants retirés pour combler les manques ou refaire une autre ligne aux mêmes distances. Continuez les binages et les arrosages copieux jusqu'à la récolte. Lorsque les pieds ont atteint 20 cm, vous pouvez effectuer un léger buttage et un paillage. Le développement est rapide : il faut compter 2 à 3 mois entre le semis et la récolte.

Le principal prédateur pour ces deux choux est l'altise, qui attaque les plants dès leur sortie de terre ; il faut intervenir immédiatement (le lendemain, il est souvent déjà trop tard) par une pulvérisation de roténone le soir à la tombée de la nuit. Répétez ce traitement léger tous les 2 ou 3 jours (car les arrosages lavent le produit) jusqu'à ce que les plants aient 4 ou 5 feuilles.

Ces choux peuvent résister aux premières gelées (jusqu'à – 7 °C) mais pas pendant plusieurs nuits consécutives.

Récolte et conservation

Ces choux se récoltent de septembre à novembre ; dans le Midi, la récolte peut se prolonger jusqu'en février, mais pour cela il faut des semis décalés. Une fois récoltés, ils peuvent se conserver en cave bien ventilée pendant plus d'un mois.

Au printemps, on peut récolter et consommer les fleurs et les rejets des plants restés en place.

Utilisation

Les choux de Chine sont plus digestes et agréables que nos choux pommés d'Europe et contiennent plus de vitamine A. Ils se consomment crus en salade, juste poêlés à l'aigre-doux ou à la tomate, ou cuits comme les autres choux, dans des soupes, à la crème, au jus, etc.

Les conseils du jardinier

- *Si le facteur lunaire est important pour éviter la montaison, l'arrosage l'est aussi car un blocage dans le développement peut provoquer ce phénomène (ce sont des plantes à croissance rapide qui supportent mal les arrêts dans leur cycle végétatif).*
- *Les semis effectués trop tôt montent à graines rapidement ; ne les détruisez pas, mais mangez-les avant qu'ils ne durcissent ; les fleurs sont excellentes.*

Pé-tsaï aux pommes à l'aigre-doux

Préparation : 15 min

Cuisson : 20 min

Ingrédients (4 personnes)

1 kg de pé-tsaï, 5 cl d'huile d'arachide, 3 échalotes, 3 pommes acidulées, 10 cl de vinaigre au miel, 2 cuillères à soupe de sucre de canne, 1 cuillère soupe d'huile de sésame, sel, poivre

- Épluchez et coupez les échalotes en rondelles fines. Lavez et coupez le chou en fines lanières.

- Versez l'huile d'arachide dans une cocotte, faites-y suer les échalotes et les feuilles de chou pendant 10 min environ.
Pendant ce temps, épluchez, coupez les pommes en dés et ajoutez-les au chou à mi-cuisson.

- Salez et poivrez légèrement, ajoutez le vinaigre, le sucre et tournez. Couvrez et laissez cuire 10 min (le jus doit être pratiquement évaporé). Servez en arrosant d'un filet d'huile de sésame.

Chou marin

Crambe maritima (Linné) (famille des Brassicacées)

Indigène sur les côtes de l'Atlantique et de la mer du Nord, le chou marin, aussi appelé « crambe maritime », est une plante vivace à souche ligneuse. Bien que très cultivé et très apprécié chez nos voisins Anglais, il est plutôt rare et marginal dans nos jardins. Les feuilles sont grandes, épaisses, à contours découpés et ondulés ; de couleur gris-vert bleuté, elles sont souvent cireuses avec un réseau de nervures blanches. La tige rigide, ramifiée, est haute de 40 à 70 cm et porte des grappes terminales de nombreuses fleurs blanches, parfois rosées, au parfum entêtant. Ces fleurs sont rapidement remplacées par des silicules globuleuses, fruits d'environ 1 cm, qui ne contiennent qu'une graine dont la durée germinative est brève (pas plus d'un an).

Culture

Le chou marin se reproduit par semis au printemps, de début avril à fin mai, dans une terre bien drainée, voire sableuse, au soleil. Dès que les plants ont 4 ou 5 feuilles, mettez-les en place à 60 cm sur des lignes espacées de 60 à 90 cm et tenez la terre fraîche par des arrosages réguliers. Le forçage et la première récolte ne pourront s'effectuer que la deuxième année.

Il est plus facile et rapide de le multiplier par division des touffes ou par bouturage de racines. En février-mars, avant la reprise de la végétation, divisez les touffes à l'aide d'une bêche ou coupez des tronçons de racines d'une dizaine de centimètres que vous planterez dans les mêmes conditions que précédemment. Lorsque les pieds ont bien démarré, effectuez un léger apport de lithothamne ; répétez l'opération 3 ou 4 fois dans l'année et faites aussi, une fois par an (à l'automne), un léger apport de sel de mer.

En février-mars, recouvrez les pieds d'une butte de tourbe blonde ou, mieux, effectuez un paillage avec un fumier frais très pailleux et recouvrez d'un petit tunnel de plastique noir. La récolte commence lorsque les jeunes pousses blanches atteignent 20 cm ; on procède alors à 3 coupes au maximum par pied, mais il est recommandé de ne pas couper toutes les pousses d'un même pied pour ne pas l'affaiblir. Sur ces pousses « épargnées », supprimez les tiges florales dès leur apparition.

Le crambe ne présente pas de problèmes majeurs en ce qui concerne les maladies et prédateurs.

Récolte et conservation

On peut utiliser les pétioles et les jeunes tiges florales blanchis à partir de fin février-mars, en faisant 2 ou 3 récoltes de 20 cm sur chaque pied. Ils se gardent 3 ou 4 jours dans le bas du réfrigérateur ou en cave fraîche dans le noir, mais ils sont meilleurs consommés le jour même.

Utilisation

Pétioles et jeunes tiges se mangent crus en salade, trempés dans une sauce à la crème vinaigrée, ou cuits, préparés comme les asperges, au beurre blanc citronné, au jus, en vinaigrette, à la béchamel.

Les conseils du jardinier

- *Avant l'hiver, en novembre, buttez légèrement les touffes avec de la tourbe brune.*
- *Après la dernière récolte, il est recommandé de découvrir progressivement les pieds.*

Chou-rave 'Superschmelz'

Brassica oleracea var. *gongyloïdes* (Linné) (famille des Brassicacées)

Probablement originaire d'Europe et d'Asie, ce chou est très apprécié en Allemagne, Angleterre, Autriche, Italie, etc. En France, il est plus connu dans l'Est. Cette plante potagère, haute de 50 à 70 cm, est caractérisée par une tige renflée, en boule (de 15 à plus de 20 cm de diamètre), de couleur vert tendre, marquée à la partie inférieure par les cicatrices des feuilles qui sont tombées. Ce renflement pèse en général de 1 à 5 kg mais peut largement dépasser 10 kg ; de plus, il est toujours tendre, quel que soit son état de développement. Bien entendu, il se situe hors du sol ; il ne s'agit pas, comme son nom le laisse supposer, d'une racine souterraine. Les feuilles, longues de 30 à 40 cm, se dressent sur la partie supérieure du renflement. 'Superschmelz' est une variété tardive à pomme volumineuse. Les graines conservent leurs capacités germinatives pendant 6 ou 7 ans.

Culture

De fin mars à début juin, semez directement en place 2 à 4 graines dans des poquets espacés de 50 cm sur des rangs distants de 60 à 70 cm, à exposition ensoleillée, dans un sol enrichi de fumier bien mûr. Recouvrez les graines de 5 à 10 mm de terre et arrosez, si nécessaire, jusqu'à la levée qui demande 1 semaine environ. Dès la levée, il faut rapidement intervenir en cas d'attaque d'altises par un traitement à la roténone et recommencer aussi souvent qu'il sera nécessaire, au moins jusqu'à ce que les pieds aient 4 ou 5 feuilles. À ce stade, vous ne laisserez qu'un plant par poquet. Continuez les binages et éventuellement les arrosages. Quand les plants ont atteint 20 cm, installez une couverture du sol (couche de paille menue) ; maintenez des arrosages copieux, mais plus espacés jusqu'à la récolte, qui débute en général 120 à 140 jours après le semis. Les plants arrachés lors de l'éclaircissage peuvent être replantés aux mêmes distances que précédemment ; ne les enterrez pas trop profond, car le renflement se développe hors du sol.

Récolte et conservation

La récolte se fait au fur et à mesure des besoins à partir du quatrième mois qui suit le semis ; le chou-rave se garde 1 semaine au frais. La récolte se fait totalement vers la fin octobre : arrachez les pieds, coupez les feuilles et les racines, mettez-les en cave dans du sable sec pour assurer une bonne conservation jusqu'en mai de l'année suivante.

Utilisation

Le chou-rave se consomme cru, râpé, seul ou avec des pommes, en vinaigrette ; il peut se préparer en ragoût avec des cèpes, dans les soupes, sauté...

Les conseils du jardinier

Comme cette variété ne doit pas être trop enterrée au départ, procédez à un buttage, lorsque le renflement commence à se développer, mais arrêtez celui-ci environ 2 à 3 cm sous le renflement.

Chou-rave aux cèpes

PRÉPARATION : 20 min

CUISSON : 50 min

INGRÉDIENTS (4 personnes)

1 kg de chou-rave 'Superschmelz', 500 g de cèpes frais, 2 cuillères à soupe d'huile, 1 noix de beurre, 2 ou 3 échalotes, 2 gousses d'ail, lardons, sel, poivre, 20 cl d'eau

• Lavez, épluchez et coupez en dés le chou-rave.
Épluchez les échalotes et coupez-les en rondelles fines ; épluchez l'ail et hachez-le.
Nettoyez les cèpes et coupez-les en gros dés.

• Mettez les cèpes à sec dans une poêle anti-adhésive, à feu doux ; les champignons rendront leur eau : recueillez celle-ci dans un bol.
En fin d'évaporation, égouttez les champignons.

• Faites rissoler les cèpes égouttés dans une poêle contenant une noix de beurre. Retirez-les avant qu'ils ne dorent trop.

• Dans une sauteuse huilée, faites revenir les échalotes et les lardons puis ajoutez le chou, mouillez avec l'eau, salez, poivrez et laissez cuire doucement 25 min à couvert.

• Ajoutez les cèpes, mélangez délicatement, rectifiez l'assaisonnement si besoin ; ajoutez l'ail haché.

• Laissez mijoter à couvert environ 20 min, jusqu'à cuisson des choux.
Servez autour d'un confit de canard, de gésiers de canard ou d'un rôti de porc.

Chou rouge

Brassica oleracea, var. *capitata* (Linné) (famille des Brassicacées)

Le chou rouge fait partie des choux cabus d'été et d'automne. C'est une variété pommée compacte, à pied assez court. En général, les feuilles sont épaisses et lisses, d'un rouge plus ou moins foncé ; les feuilles non pommées sont recouvertes d'une fine pruine bleutée. Ce chou est assez rustique et se prête bien à la conservation et au stockage. Toujours très serré mais de petite taille (de 500 g à 1,5 kg), il n'éclate pratiquement jamais. Il a de nombreuses vertus médicinales et est très riche en sels minéraux. Pour éviter qu'il ne perde une partie de sa couleur ou qu'il ne vire au bleu à la cuisson, ajoutez du jus de citron ou un peu de vinaigre. Durée germinative des graines : 4 à 6 ans.

Culture

Les semis et repiquage s'effectuent de préférence en lune descendante. Semez en pépinière de mars à juin ; la levée ne demande que quelques jours. Repiquez à partir de mai jusqu'au 15 août lorsque les plants ont 4 ou 5 feuilles, à une distance de 60 cm sur des rangs espacés de 60 à 70 cm, au soleil et en sol frais, bien drainé et bien fumé. Lorsque les pieds ont un peu grandi (25 à 30 cm), buttez-les légèrement. Binez, sarclez et arrosez régulièrement jusqu'à la récolte, qui peut commencer 3 mois après la plantation.
Pour des récoltes étalées, effectuez 2 semis décalés (par exemple au 15 mars au 15 mai).
Les choux rouges sont assez peu sensibles aux maladies ; ils sont davantage exposés aux nombreux prédateurs qui en sont friands : l'altise, l'aleurode, le puceron cendré, la mouche du chou, la piéride, le ver blanc du hanneton, qu'il faut combattre dès leur apparition par des pulvérisations et des poudrages d'insecticides à base de roténone, des pulvérisations de macération de plantes (orties, feuilles de tomates, genêts, etc.). Arrachez les plants trop sérieusement touchés et brûlez-les.
Pour espacer les arrosages, pendant l'été, effectuez un paillage entre les rangs.

Récolte et conservation

La récolte se fait au fur et à mesure des besoins et peut commencer environ 4 mois après le semis. Il vaut mieux utiliser le chou rapidement, bien qu'il puisse se garder au frais, en cave, pratiquement une quinzaine de jours. Cela peut du reste être évité puisque le chou rouge résiste bien aux gelées.

Utilisation

On le consomme le plus souvent cru en vinaigrette, mais il peut aussi se cuisiner comme les autres choux : par exemple, il est excellent cuit au four avec un filet de vinaigre, des châtaignes et des pommes.

Les conseils du jardinier

Observez bien vos plantes afin d'intervenir de façon précoce et plus efficace.

Chou rouge aux mendiants

PRÉPARATION : 15 mn

INGRÉDIENTS (4 personnes)

500 g de chou rouge, 3 cuillères à soupe d'huile de noix, 1 cuillère à soupe de vinaigre de vin vieux, 1 citron, mélange de noix, noisettes, raisins blonds et pignons, sel, poivre

• Dans un saladier, préparez la vinaigrette avec l'huile, le vinaigre, du sel et du poivre.

• Nettoyez, lavez et coupez le chou en fines lanières.

• Mettez le chou coupé dans le saladier, arrosez du jus du citron et mélangez bien.

• Ajoutez les mendiants (noix, noisettes, raisins et pignons) et servez rapidement.

Les conseils de la cuisinière :

• Les choux consommés crus doivent être préparés au dernier moment afin de bénéficier de toutes leurs vertus et d'éviter l'oxydation.

• Vous pouvez remplacer les mendiants par des fruits frais coupés en dés (la pomme se marie bien au chou), des fruits secs ou des châtaignes cuites fermes.

Chou rouge de Russie

Brassica oleracea var. *sabellica* (Linné) (famille des Brassicacées)

La variété 'Red Russian' fait partie des choux verts de Sibérie ; elle est souvent utilisée comme chou décoratif. Les feuilles, assez larges, à bords déchiquetés et ondulés, de couleur gris-vert violacé, sont sillonnées de nervures ; des excroissances foliacées accentuent encore l'aspect déguenillé du limbe. Les feuilles sont très tendres, avec un goût de noisette. Haut de 40 à 50 cm, avec un développement rapide (on peut commencer les récoltes moins d'un mois après le semis), ce chou n'en est pas moins exceptionnellement rustique – les récoltes peuvent reprendre dès février de l'année suivante. Il serait donc fort dommage de ne point le retrouver dans nos assiettes, même si l'on dit que la beauté ne se mange pas en salade ! Durée germinative des graines : 5 ans, voire 8 ans.

Culture

À partir de mars, semez directement en place en lignes distantes de 60 cm, à exposition ensoleillée et en sol riche, frais et profond. Recouvrez les graines de 5 à 10 mm de terre et arrosez jusqu'à la levée qui est rapide. Continuez les arrosages, sarclages et binages lorsque cela est nécessaire. Lorsque les plantules ont 3 à 5 feuilles, effectuez un premier éclaircissage à 10 cm ; les plants arrachés pourront être repiqués dans les parterres de fleurs ou être consommés dans des salades composées. Tous les 15 jours, procédez à des éclaircissages successifs jusqu'à atteindre une distance de 30 à 40 cm entre les pieds. Procédez à de nouveaux semis de chou rouge de Russie autour du 15 mai et du 15 juillet, dans les mêmes conditions que précédemment.

Avec les beaux jours, arrivent aussi les altises, qui sont des « pestes » pour les Brassicacées ; pour préserver les jeunes semis de leurs attaques, il faut pratiquer un traitement à la roténone tous les 3 jours (au maximum) ; bien entendu, vous ne traiterez que si cela est indispensable pour préserver les semis.

Récolte et conservation

La récolte commence 30 jours après le semis et peut continuer encore pendant 1 bon mois (tant que les feuilles sont tendres). Coupez les feuilles de la base ou procédez à des éclaircissages successifs. Ce chou est meilleur consommé dès la récolte, mais il peut se conserver quelques jours au frais.

Utilisation

On le mange cru dans des salades mélangées ou cuit, dans des soupes, à la crème, en béchamel, au jus, farci, juste passé à la poêle à l'aigre-doux, dans des quiches aux lardons, etc.

Les conseils du jardinier

Vous pouvez l'installer, à la fin de l'été, isolé ou en groupe dans les parterres ; cela vous permettra de conserver un décor pendant la période hivernale et le début du printemps, en attendant les plantes fleuries à massif.

Chou rouge de Russie farci aux châtaignes

PRÉPARATION : 30 min

CUISSON : 45 min

INGRÉDIENTS (4 personnes)

12 belles feuilles de chou 'Red Russian', 5 échalotes, 7 ou 8 branches de persil, 2 cuillères à soupe d'huile, 2 cuillères à soupe de cognac, 80 g de pain sec, 10 cl de crème fraîche, 400 g de châtaignes précuites, 3 gousses d'ail, 12 fines tranches de lard fumé, 1 verre de bouillon de volaille, 1 œuf, 200 g de jambon cru, lait, sel, poivre

• Lavez le persil ; épluchez l'ail et hachez-le avec le persil. Réservez.

• Épluchez et coupez les échalotes en petits dés. Réservez.

• Lavez les feuilles de chou, faites-les blanchir 5 min à l'eau bouillante salée ; égouttez-les, rafraîchissez-les, épongez-les et étalez-les sur un linge. Faites tremper le pain sec dans du lait.

• Coupez le jambon cru en petits dés, mettez-le dans un saladier, ajoutez l'ail et le persil, la mie de pain égouttée et 400 g de châtaignes émiettées grossièrement. Mélangez le tout en incorporant l'œuf et la crème, salez, poivrez et ajoutez 1 cuillère à soupe de cognac.

• Répartissez la préparation au milieu de chaque feuille, rabattez les bords pour former des paquets et ficelez-les pour les maintenir.

• Dans un poêlon huilé, faites fondre les échalotes, déposez les tranches de lard sur le fond et posez dessus les paquets réalisés précédemment. Mouillez avec le cognac restant et le bouillon de volaille ; couvrez et laissez cuire 35 min à feu doux. Servez sur des assiettes chaudes, nappé d'un peu de jus de cuisson.

Chou de Saint-Saëns

Brassica oleracea var. *capitata* (famille des Brassicacées)

Ce chou cabus tardif d'automne était cultivé couramment en Seine-Maritime au siècle dernier. Il était très recherché par les fermiers locaux car il peut atteindre 1,30 m de diamètre pour un poids de 20 kg. Oublié, radié du catalogue officiel, il aurait complètement disparu si Gérard Mallet, horticulteur à Saint-Saëns, n'avait pas tout fait pour le sauver et le réhabiliter. Ses feuilles de couleur vert tendre à vert-gris bleuté en font aussi un chou décoratif qui ne peut passer inaperçu dans un jardin. De bonne qualité gustative, résistant et de culture facile, ce chou monumental est incontournable pour un jardin qui veut plaire. Il n'a qu'un inconvénient : il occupe le terrain pendant plus d'un an ; mais ce défaut est compensé par ses qualités de très bonne conservation et de bonne résistance à l'éclatement.

Culture

Semez en pépinière dans la deuxième quinzaine d'août, dans un sol riche en humus et bien drainé. Maintenez les arrosages réguliers jusqu'au premier repiquage 1 mois plus tard, en ligne, tous les 10 cm, et arrosez si nécessaire. Fin mars, mettez définitivement en place, dans un sol bien fumé, à intervalles de 80 cm sur des lignes espacées elles-mêmes de 80 cm à 1 m. Arrosez régulièrement (1 ou 2 fois par semaine) dans une rigole de part et d'autre des pieds. Vous pouvez aussi pailler avec un fumier très riche en paille afin de conserver un sol frais.

Récolte et conservation

Ce chou possède de bonnes qualités de conservation ; arraché avant les grandes gelées, il peut se conserver, en cellier, pendu la tête en bas, jusqu'à fin mars (cette position permet à l'eau de s'écouler et bloque la montée de la sève, ce qui l'empêche d'éclater). La récolte se fait de préférence par temps sec.

Utilisation

On peut l'utiliser en cuisine de toutes les façons, mais il faut le blanchir préalablement pendant 10 min à l'eau bouillante. On le prépare en potées avec du lard, des saucisses et du petit salé, braisé avec des lardons, au four avec des pommes et des châtaignes, dans les pot-au-feu ou en choucroute.

Les conseils du jardinier

• *Vous pouvez poudrer les plants avec des cendres de bois afin de lutter contre les altises et effectuer des pulvérisations de roténone le soir (1 h avant la tombée de la nuit).*

• *Ne laissez jamais vos plantes longtemps sans surveillance, vous pourrez ainsi prendre les dispositions qui s'imposent (traitement, arrosages...). N'oubliez pas que le jardin est d'abord une histoire de cœur plus que d'utilisation de technique et de produits.*

Chrysanthème des jardins

Chrysanthemum coronarium (Linné) (famille des Astéracées)

Originaire de la région méditerranéenne, cette plante annuelle, à floraison abondante, de culture facile, est essentiellement utilisée comme espèce d'ornement en Europe, alors qu'en Extrême-Orient, elle est cultivée comme plante alimentaire. On l'appelle aussi « chrysanthème comestible », « chrysanthème à couronne », « marguerite jaune ». Haute de 50 cm à 1 m, elle porte des feuilles alternes très divisées, les premières à pétiole court, les autres sans pétiole, qui embrassent la tige par 2 petits lobes. Il existe des variétés à feuilles larges et des variétés à feuilles très fines et très découpées. Les capitules, de 3 à 6 cm de diamètre, sont composés de fleurs en tube entourées d'un rang de fleurs en languette ; les fleurs sont généralement jaunes, parfois blanches à l'extrémité. Les graines de couleur brune conservent leurs capacités germinatives pendant au moins 4 ans.

Culture

Pour disposer d'une récolte précoce, semez à partir de fin mars à l'intérieur ou sous châssis, en caissette. Lorsque les plants ont 1 ou 2 feuilles, repiquez en godets de 7 (1 plant par godet). Mettez en place début mai, à 20 cm sur des lignes espacées de 30 à 40 cm, en sol frais, riche en humus et au soleil. Arrosez si nécessaire. La récolte peut commencer lorsque les plants ont atteint 20 cm de hauteur.
Vous pouvez aussi semer directement en place, 2 à 4 graines dans des poquets espacés de 10 à 20 cm, dans les mêmes conditions que précédemment, dans un sol enrichi de fumier bien décomposé. Recouvrez les graines de 2 à 5 mm de terre et arrosez, si nécessaire, jusqu'à la levée qui demande une dizaine de jours ; lorsque les pieds ont 3 à 5 feuilles, arrachez les plants superflus et n'en laissez qu'un par poquet. Pratiquez binages et arrosages quand c'est nécessaire ; installez une couverture du sol (couche de paille ou paillettes de lin).
Ce chrysanthème est une plante de culture très facile : il n'a pas de maladie ni de prédateurs qui lui soient particuliers.

Récolte et conservation

La récolte se fait lorsque les feuilles sont jeunes et tendres, dès que la plante est suffisamment grande pour être coupée (entre 20 et 110 cm) ; les pieds ainsi étêtés développeront de nombreuses ramifications. On peut aussi récolter les feuilles tendres au fur et à mesure des besoins. Les parties récoltées fanent très vite, mieux vaut les consommer le jour même ; cependant, on peut les conserver 2 ou 3 jours enfermées dans un sac en plastique.

Utilisation

Avec son goût très prononcé, rappelant un peu celui du genièvre, le chrysanthème ne plaît pas toujours. Cependant, les feuilles ainsi que les fleurs en languette sont utilisées crues dans les salades ou cuites à l'aigre-doux, avec des émincés de porc ou de bœuf. Les capitules relèvent les soupes. On peut utiliser les fleurs pour parfumer de la crème fraîche ou du beurre, pour assaisonner les poissons.

Les conseils du jardinier

Pour des récoltes d'automne, jusqu'à fin octobre, effectuez de nouveaux semis après le 15 août.

Chrysanthèmes aux émincés de bœuf

PRÉPARATION : 30 min

CUISSON : 25 min

INGRÉDIENTS (4 personnes)

1 kg de feuilles de chrysanthème, 5 à 7 fleurs (pour le décor), 500 g de bœuf à fondue, 2 échalotes, 1 cuil. à soupe d'huile d'arachide, 25 g de beurre

MARINADE :

2 cuil. à soupe de vinaigre balsamique, 2 cuil. à soupe de kirsch, 4 cuil. à soupe d'huile de sésame, 1 cuil. à café de sel, 1/2 cuil. à café de piment de la Jamaïque, 1 cuil. à soupe de gingembre râpé gros, 2 gousses d'ail et 1 échalote hachées, 1 cuil. à soupe de miel fondu

• Coupez le bœuf en fines tranches. Dans un plat creux, mélangez tous les éléments de la marinade et faites macérer la viande pendant 15 min.

• Épluchez et émincez les échalotes. Lavez les feuilles de chrysanthème, coupez-les grossièrement.
Versez l'huile d'arachide dans une sauteuse et faites suer doucement les échalotes. Ajoutez les feuilles de chrysanthème et faites cuire 10 min en tournant.

• Égouttez la viande (gardez la marinade) et faites-les dorer rapidement au beurre.

• Versez la marinade sur les feuilles de chrysanthème, mélangez et poursuivez la cuisson 10 min, toujours en tournant. Rectifiez l'assaisonnement si besoin.

• Servez chaud : mettez les feuilles de chrysanthème au fond du plat, arrosez avec leur jus, disposez dessus la viande et décorez le plat avec les pétales des fleurs.

Concombre arménien

Cucumis melo var. *flexuosus* (Naudin) (famille des Cucurbitacées)

Sa région d'origine semble être l'Asie ; il serait arrivé dans les pays du Bassin méditerranéen, *via* l'Arménie, vers le XVe siècle. Il est très cultivé en Afrique du Nord, en Turquie et en Grèce. En fait, c'est un melon qui a plutôt le goût du concombre, mais sa saveur particulière et son parfum tirant légèrement sur le melon s'accentuent en même temps que son développement. La plante est coureuse, avec des tiges poilues munies de vrilles et des feuilles faiblement trilobées. Les fruits, de 50 cm à 1 m de long pour un diamètre de 5 à 10 cm, sont cannelés longitudinalement, de couleur vert-gris bleuté. Les fleurs monoïques sont jaunes. Le concombre arménien a besoin de chaleur pour atteindre un bon développement, son rendement est alors assez important. Les graines conservent leurs capacités germinatives pendant environ 7 ans.

Culture

Début mai, semez 2 ou 3 graines dans des godets, à l'intérieur de la maison à la lumière du jour ou en serre chauffée ; arrosez pour maintenir une fraîcheur suffisante pour la germination ; la levée demande 1 à 2 semaines. Ne conservez qu'un pied par godet. Continuez les arrosages jusqu'à la plantation.

Mettez en place, à exposition très ensoleillée et même abritée, à 1 m en tous sens, à partir de fin mai lorsque les températures se sont élevées (ce concombre ne pousse pas lorsqu'il fait trop froid). La plante se comportant comme un melon, vous pouvez pailler le sol avec un film plastique spécial melon. La taille n'est pas nécessaire (cependant, elle peut être pratiquée comme pour le melon) ; arrosez au pied, régulièrement, sans mouiller les feuilles.

Vous pouvez aussi semer directement en place, entre le 15 mai et le 15 juin, dans des poquets distants de 1,50 m en tous sens, à bonne exposition, dans un endroit abrité. Semez 2 à 4 graines dans chaque poquet, recouvrez-les d'environ 5 cm de terre ; après la levée, ne gardez qu'un pied par poquet ; maintenez une terre fraîche jusqu'à la fin de la récolte.

Récolte et conservation

Les fruits se récoltent jeunes et bien fermes pour être consommés comme les autres concombres, ou dans un état plus avancé pour d'autres utilisations. Jeunes, ils se conservent quelques jours au frais ; plus mûrs, ils peuvent se garder une dizaine de jours, à la lumière (entre 10 et 20 °C). La récolte se fait de préférence par temps sec.

Utilisation

Ce concombre se consomme cru, en vinaigrette ou sauce salée, ou cuit, dans des potages, farci, en confiture, etc.

Les conseils du jardinier

Ne précipitez pas le semis ni la plantation, ou bien abritez les plants jusqu'au 15 juin environ (selon les régions) ; de toute façon, leur développement est très rapide et ils sont très vite en production.

Concombre 'Long de Chine'

Cucumis sativus (Linné) (famille des Cucurbitacées)

Cette très ancienne variété originaire de Chine a été introduite en France vers le milieu du XIXe siècle. C'est une plante rampante à tiges anguleuses ramifiées couvertes de poils rudes et munies de vrilles. Les feuilles alternes sont entières ou divisées en 3 ou 5 lobes dentés. Les fruits, de couleur vert pâle, avec de fines rayures longitudinales blanchâtres sont souvent légèrement aplatis sur 3 faces ; ils mesurent couramment 50 cm de long et peuvent, lorsqu'on les fait grimper sur un treillis, atteindre 1 m. Lorsque les fruits mûrissent, leur couleur s'éclaircit jusqu'à devenir blanc jaunâtre. La chair est blanche, ferme et croquante mais tendre, de saveur douce. C'est une variété très résistante et productive, de croissance rapide et vigoureuse, à cultiver en priorité. Durée germinative des graines : 8 à 10 ans.

Culture

À partir du 15 avril, semez 2 ou 3 graines dans des godets, à l'intérieur ou en serre chauffée ; arrosez seulement pour maintenir une fraîcheur suffisante pour la germination ; la levée demande environ 1 semaine. Ne conservez qu'un pied par godet. Vers la mi-mai, mettez en place, à exposition ensoleillée, à 1,50 m en tous sens. Pour accélérer la mise à fruits et éviter les arrosages, vous pouvez pailler le sol avec un film plastique. La taille n'est pas obligatoire.

Vous pouvez aussi semer directement en place, entre le 1er mai et le 15 juin, dans des poquets préparés avec une pelletée de compost et distants de 1,50 m en tous sens, à exposition ensoleillée (au moins le matin). Semez 2 ou 3 graines par poquet, recouvrez-les d'environ 5 cm de terre et maintenez une terre fraîche jusqu'à la fin de la récolte.

Si vous prévoyez de disposer un treillis pour les faire grimper, effectuez la plantation ou le semis à 1 m en tous sens ; au début, il faut aider les plantes à s'installer sur le support.

Récolte et conservation

Les fruits se récoltent bien fermes, avant que leur couleur s'éclaircisse ; consommez-les dans les 3 jours ou placez-les au frais, dans un endroit ventilé ; ils peuvent alors se conserver une dizaine de jours. La récolte se fait au fur et à mesure des besoins ; cependant, si l'on arrête la récolte, on bloque la fructification (la plante se contente d'amener les fruits existants à maturité).

Utilisation

Ce concombre se consomme cru, en vinaigrette ou sauces salées, ou cuit, dans des potages, au gratin, en béchamel, farci, en confiture, etc.

Les conseils du jardinier

Contrairement à ce qui est souvent colporté à tort, les concombres (Cucumis sativus) *ne peuvent pas se croiser avec les melons et de ce fait, leur proximité ne porte aucun préjudice à l'un ni à l'autre.*

Concombre pomme

Cucumis sativus (Linné) 'Lemon' ou 'Cristal Apple' (famille des Cucurbitacées)

Ce concombre est une variété à fruits ronds qui a été introduite en Australie en 1933 par le grainetier A. Yates. Elle est moins coureuse que les autres variétés mais fructifie plus rapidement. Les fruits soyeux sont d'abord jaune citron, parfois blancs, et deviennent rouge brique à maturité ; ils pèsent en général de 100 à 200 g et sont comestibles même à maturité. La plante a un développement assez rapide, mais ses tiges rampantes n'atteignent guère plus de 1,50 m. Les fleurs de couleur jaune sont monoïques ; elles apparaissent de juin à octobre. Le concombre a des propriétés diurétiques et dépuratives, et contient à peu près les mêmes vitamines que les courges. Durée germinative des graines : environ 7 ans.

Culture

Autour du 15 avril, semez 1 ou 2 graines dans des godets de 9, sous châssis ou serre chauffée. Mettez en place à 1 m en tous sens à partir de début mai et protégez des gelées par un voile non tissé (P17) ; arrosez au pied au goulot 1 ou 2 fois par semaine selon les besoins. Enlevez le voile à partir du 15 mai.

Vous pouvez aussi semer directement en place à partir de la première semaine de mai. Dans des poquets (à 1 m en tous sens) préalablement préparés avec 4 ou 5 poignées de compost, déposez 2 à 4 graines, recouvrez-les d'environ 2 cm de terre et par la suite ne gardez que 2 pieds par poquet. Il n'est pas nécessaire de tailler. Maintenez les arrosages réguliers au pied jusqu'à fin août.

Vous pouvez pailler le sol avec une bâche noire ou une toile de paillage dans laquelle vous aurez effectué des trous d'environ 15 cm espacés de 1 m en tous sens. Ce système permet d'éviter les arrosages (surtout lorsque la végétation a couvert tout le terrain), de gagner en précocité et d'éviter l'envahissement par les herbes indésirables.

Récolte et conservation

Ce concombre se récolte lorsqu'il est suffisamment développé, même mûr. Il peut se conserver plus d'une semaine au frais, mais il vaut mieux le consommer très frais. La récolte se fait de préférence le matin en l'absence de rosée ou le soir par temps sec ; évitez la pleine chaleur, surtout en plein été (juillet et août).

Utilisation

Les fruits se consomment crus, en vinaigrette, seuls ou avec d'autres crudités, ou cuits, en potages, à la béchamel, farcis, en gratin, au jus. Cependant, ils ne doivent être que légèrement cuits. On peut aussi les utiliser salés en lacto-fermentation.

Les conseils du jardinier

- *Surtout évitez d'arroser sur les feuilles.*
- *Apportez de l'azote et de la potasse lors de la préparation du terrain.*
- *Pour avoir une récolte régulière et longue, étalez les semis :*
  - *semez le 15 avril et repiquez début mai ;*
  - *puis dans la deuxième quinzaine de mai ;*
  - *puis dans la deuxième quinzaine de juin.*
- *Il est inutile de tailler.*

Grande consoude

Symphytum officinale (Linné) (famille des Boraginacées)

Originaire d'Europe et d'Asie, la grande consoude est une plante vivace, très rustique (elle résiste à – 35 °C), haute de 50 cm à 1 m, à tiges ramifiées dressées et couvertes de poils blancs. Les racines, épaisses et charnues, sont très longues et divisées. Les feuilles lancéolées, pointues (celles de la base sont plus larges), sont rigides et couvertes de poils, de grande taille (jusqu'à 30 cm de long pour une largeur de 10 à 12 cm) ; de couleur vert foncé, elles présentent un réseau de nervures bien marquées. La plante fleurit de mai à septembre ; les fleurs, en grappes de clochettes retombantes, sont en général de couleur blanche mais peuvent se teinter de pourpre, de rose ou de jaune. Depuis longtemps très estimée pour ses propriétés médicinales, la grande consoude est aussi une bonne plante culinaire. Dans le jardin, incorporée au compost, elle favorise sa décomposition et s'utilise en purin comme l'ortie. Les graines conservent leurs capacités germinatives pendant 8 ans environ.

Culture

La grande consoude peut se reproduire par semis mais la récolte des graines n'est pas aisée puisque les plantes n'en produisent pas toujours. Les semis s'effectuent de septembre à novembre ; semez clair en ligne, au printemps, et éclaircissez à 30 cm. En septembre, repiquez les plants à 80 cm en tous sens en sol plutôt humide et ombragé.
Il est cependant beaucoup plus facile et rapide de la multiplier par division des touffes et même à partir de morceaux de racines, de septembre à novembre et en mars-avril, dans les mêmes conditions que précédemment.
Cette plante n'est absolument pas fragile et n'a besoin d'aucun traitement, si ce n'est un apport de compost tous les ans. Tenez la terre fraîche par des arrosages réguliers.

Récolte et conservation

La récolte des feuilles s'effectue de mars à novembre selon les besoins. En cuisine, on emploie de préférence les jeunes feuilles de la base ; elles doivent être consommées dans un délai assez court (pas plus de 3 jours de conservation au frais). Pour le jardin, on coupe toute la plante à 2 ou 3 cm du sol ; on peut ensuite la mélanger au compost, ou la faire macérer avec de l'eau pour obtenir un purin que l'on utilisera dilué dans la proportion de 10 %. Il est possible de faire jusqu'à 8 récoltes par an, ce qui permet de renouveler les feuilles de la base.

Utilisation

Les jeunes feuilles se consomment crues en salades, mais elles sont meilleures cuites, préparées comme les épinards, farcies, en beignets.

Les conseils du jardinier

Cette plante est très intéressante et bénéfique coupée en morceaux et utilisée comme paillage entre les rangs de pommes de terre.

Consoude farcie au chèvre, parfumée à la tanaisie et à la menthe poivrée

PRÉPARATION : 15 min

CUISSON : 25 min

INGRÉDIENTS (4 personnes)

8 feuilles de grande consoude, 1 petite tomme de chèvre fraîche, 10 petites feuilles de tanaisie, 1 feuille de menthe poivrée, 20 g de beurre clarifié, sel, poivre

PÂTE À CRÊPES :

30 g de beurre, 1 œuf + 1 jaune, 75 g de farine, 15 cl de bière, 1 pincée de sel

Pour la pâte à crêpes :

• Chauffez le beurre jusqu'à obtention d'une couleur noisette. Laissez reposer et écumez les flocons de caséine.

• Réunissez dans un récipient la farine, l'œuf entier et le jaune, la bière et le sel. Mélangez bien la masse. Versez sur le beurre noisette en mélangeant et laissez reposer 15 min avant l'emploi.

Pour la farce de chèvre, tanaisie :

• Défaites la tomme de chèvre, mélangez les feuilles de tanaisie et de menthe lavées et hachées. Salez et poivrez.

• Une des faces des feuilles de consoude est hérissée de poils. Farcissez cette face du mélange de chèvre-tanaisie et réunissez 2 feuilles qui s'accrocheront comme du Velcro. Préparez ainsi toutes les feuilles.

• Dans une poêle anti-adhésive, chauffez le beurre clarifié.
Plongez la consoude dans la pâte à crêpes et dorez les deux côtés. Servez chaud.

Recette de :
Dominique Ruffieux
Café-restaurant
Champ-Pittet
1400 Cheseaux Noreaz
Suisse
Tél. : (00 41)
024 426 62 02

Courge 'Jack be Little'

Cucurbita pepo (Linné) (famille des Cucurbitacées)

Cette courge miniature est une variété américaine, coureuse, dont les minces tiges rampantes peuvent s'allonger sur 3 m environ ; ses feuilles sont arrondies et de petite taille. Chaque plant peut donner 8 à 20 petits fruits, à pédoncule assez long et fin, orange foncé, rarement tachetés de vert ; ils sont ronds, aplatis aux deux pôles (ombilic et pédoncule) et mesurent de 2 à 3 cm de hauteur pour 8 à 12 cm de diamètre ; ils sont très côtelés (10 côtes) et pèsent entre 100 et 400 g. La chair, jaune orangé, farineuse et sucrée, a un goût de châtaigne. Cette courge se garde bien, jusqu'à plus d'un an, et peut même sécher. On la trouve sous d'autres noms : « courge lilliput », « mini Jack be », « pomarine », « mandarine »... Deux autres variétés sont très proches : 'Sweetie Pie' et 'Munchkin'.

Culture

Semez 2 ou 3 graines en godets de 9 à partir du 15 avril, à la lumière, à une température d'au moins 20 °C ; arrosez régulièrement, mais sans excès pour éviter le pourrissement des graines. La levée se fait dans un délai de 7 à 10 jours. Après le 15 mai, mettez en place à l'extérieur, à exposition ensoleillée, avec une pelletée de compost, en espaçant les plants de 1,50 à 2 m.

Vous pouvez aussi semer directement en place 2 ou 3 graines dans des poquets espacés de 1,50 à 2 m en tous sens. Par la suite, ne garder que 1 ou 2 pieds et arrosez régulièrement pendant toute la période de végétation (de 3 à 5 mois).

La plante donnant de petits fruits, il est possible de faire courir les tiges rampantes sur une grille ou un support adapté à l'endroit, par exemple au milieu d'un parterre de fleurs.

Le paillage réduit les arrosages ; une fois par semaine, vous pourrez ajouter 10 % de purin d'ortie ou de consoude dans l'eau d'arrosage.

Récolte et conservation

Les fruits se récoltent à complète maturité, à partir de fin août, jusqu'aux gelées. La récolte se fait par temps sec. Coupez le pédoncule le plus long possible et laissez sécher les fruits coupés de 1 à 3 jours au soleil, puis rangez-les sur des grilles, en une seule couche, à la lumière, dans un endroit aéré entre 15 et 25 °C. Pour une longue conservation, il faut que les fruits soient vraiment à complète maturité et manipulés avec précaution.

Utilisation

Très décorative, cette courge se consomme cuite dans des recettes variées, aussi bien sucrées que salées, souvent très originales.

Les conseils du jardinier

- *Ne taillez pas, ne traitez pas ; si toutefois un plant est malade, arrachez-le et brûlez-le.*
- *Consommez d'abord les fruits les moins mûrs, surveillez régulièrement la réserve et ôtez les fruits qui commencent à pourrir.*

Carrosse de Cendrillon

Préparation : 45 min

Macération : 1 h

Cuisson : 40 min

Ingrédients (4 personnes)

4 'Jack be Little' de grosseur identique, 1 petit ananas, 1 mangue verte, 500 g de litchis, 2 oranges non traitées, 2 bananes, 4 mandarines, 3 ou 4 cuillères à soupe de kirsch, 2 cuillères à soupe de Cointreau, 3 cuillères à soupe de sucre roux, 4 boules de glace à la vanille, quelques feuilles de menthe, 8 palets de chocolat (pour les roues)

Sirop :

60 cl d'eau, 200 g de sucre, le jus de 1 citron

La veille :

- Préparez un sirop avec l'eau, le sucre, le jus de citron. Laissez bouillir doucement pendant environ 15 à 20 min.
- Lavez et essuyez les courges ; ouvrez-les en coupant un chapeau (côté pédoncule), ôtez fibres et graines.
- Plongez-les une première fois dans le sirop bouillant ; maintenez la cuisson, sans laisser bouillir, pendant 10 min et laissez refroidir. Recommencez l'opération une seconde fois, dans le même sirop.
- Égouttez les courges et mettez-les sur une grille au réfrigérateur.

Le jour même :

- Épluchez les fruits et coupez-les en dés ; laissez la mandarine en quartiers et réservez quelques zestes d'orange.
- Mélangez les fruits dans un saladier, ajoutez le kirsch, le Cointreau et le sucre roux. Laissez macérer au frais.
- Garnissez chaque courge avec une boule de glace et recouvrez avec la salade de fruits parsemée de zestes d'orange. Disposez également un peu de salade de fruits dans les assiettes.
- Placez harmonieusement le chapeau des courges, ajoutez quelques feuilles de menthe et fixez les roues des carrosses. Servez aussitôt.

Courge melonnette jaspée de Vendée

Cucurbita pepo (Linné) (famille des Cucurbitacées)

Comme son nom l'indique, cette courge est une variété française. Les feuilles, de taille moyenne, sont découpées ; les tiges coureuses s'allongent sur 2,50 à 3 m. Les fruits, de couleur jaune foncé, sphériques (de 12 à 20 cm de diamètre), sont couverts d'un fin réseau de craquelures liégeuses qui leur donne l'aspect d'un melon brodé, d'où sans doute le nom de « melonnette ». La chair est de très bonne qualité, moyennement épaisse, de couleur orange clair, très sucrée. Chaque plante peut donner jusqu'à une dizaine de fruits pesant de 1 à 3 kg qui sont meilleurs récoltés à maturité et peuvent se conserver jusqu'en février-mars.

Culture

Fin avril, semez 2 ou 3 graines dans des godets de 9 remplis d'un mélange de terre de jardin, de terreau et de sable, à une profondeur de 1 à 2 cm, et faites germer derrière une fenêtre de la maison ou dans une véranda (à une température d'au moins 18 °C). Arrosez sans excès. La levée demande entre 5 et 10 jours. Ne conservez que 2 plants au maximum. Mettez en place, lorsque les gelées ne sont plus à craindre, c'est-à-dire autour du 20 mai, à une exposition ensoleillée.

Vous pouvez aussi semer directement en place, en pleine terre, à partir de la première semaine de mai, 2 à 3 graines dans des poquets espacés de 2 m en tous sens. Ne gardez que 1 ou 2 pieds par poquet et, éventuellement, pincez à 2 feuilles. Arrosez régulièrement, mais sans excès, pendant tout l'été. Si vous avez effectué la plantation sur une toile de paillage, un arrosage par semaine suffira.

Il n'est pas nécessaire de tailler.

Récolte et conservation

Les fruits se récoltent mûrs au fur et à mesure des besoins, au plus tard juste avant les gelées (autour du 10 octobre). La récolte se fait par temps sec : coupez le pédoncule, laissez ensuite les fruits coupés séjourner au moins 1 journée au soleil puis rentrez-les, à la lumière, dans un local chaud et aéré (entre 15 et 25 °C).

Utilisation

Les fruits se consomment crus, râpés en vinaigrette ou en rémoulade, ou cuits, en tarte, en purée, en potage, en beignets, dans la pâte à crêpes, en compote, en confiture, etc.

Les conseils du jardinier

Une fertilisation du sol en oligo-éléments est très bénéfique pour les courges.

Pannequets de crêpe Suzette à la melonnette jaspée de Vendée

PRÉPARATION : 2 h

CUISSON : 1 h

INGRÉDIENTS
(12 personnes)

PÂTE À CRÊPE :
250 g de courge épluchée, 40 g de farine, 4 œufs, 25 cl de lait, 30 g de beurre, 30 g de sucre
JUS SUZETTE :
2,5 kg d'oranges à jus + 4 oranges, 1,2 kg de courge, 5 cl + 10 cl de Grand Marnier, 50 g de beurre, 75 g de sucre (facultatif)
GARNITURE :
500 g de melonnette en cubes, 100 g de pruneaux dénoyautés, 100 g d'abricots secs, 2 oranges, 2 citrons, 2 pamplemousses, 1 racine de gingembre, 10 g de beurre, 2 cuillères à soupe de sucre, 200 g de crème pâtissière
SIROP :
50 cl d'eau, 200 g de sucre

Pour les crêpes :
• Coupez la courge en gros morceaux.
Faites-la cuire 15 min à la vapeur, puis passez-la au moulin à légumes, grille fine.

• Dans un cul-de-poule, mélangez la purée de courge, les œufs, la farine, le sucre ; ajoutez le beurre fondu et enfin le lait ; laissez reposer 1 h.

• Faites les crêpes et réservez-les au chaud.

Pour le sirop :
• Faites bouillir ensemble eau et sucre.

Pour le jus Suzette :
• Prélevez les zestes des oranges à jus, faites-les blanchir 5 min 2 fois, puis laissez-les confire dans le sirop pendant 15 à 20 min. Réservez.

• Pressez les oranges à jus pour obtenir 50 cl de jus. Centrifugez la courge pour obtenir 50 cl de jus.

• Faites réduire ensemble les 2 jus jusqu'à ce qu'il n'en reste que 50 cl ; si nécessaire, ajoutez le sucre. Hors du feu, ajoutez le beurre en petits morceaux et montez au fouet.
Lorsque la préparation est bien froide, ajoutez 5 cl de Grand Marnier.

• Pelez à vif les 4 oranges restantes et séparez les quartiers. Réservez.

Pour la garniture :
• Prélevez les zestes des 2 oranges et des 2 citrons. Pelez à vif les oranges et les pamplemousses, séparez-les en quartiers. Réservez.
Faites blanchir les zestes 2 fois.

• Épluchez le gingembre, râpez-le grossièrement et faites-le blanchir une fois.

• Laissez confire au sirop les zestes et le gingembre pendant 15 à 20 min. Réservez.

• Faites colorer légèrement les cubes de courge au beurre dans une poêle pendant 5 min.
Ajoutez le sucre et faites caraméliser quelques minutes.
Ajoutez les pruneaux et les abricots secs en petits dés, les zestes ainsi que le gingembre confits.
Ajoutez délicatement la crème pâtissière à cette préparation courge-fruits secs.

• Étalez les crêpes, fourrez-les avec la préparation précédente en ajoutant les quartiers d'oranges et de pamplemousses.
Repliez les bords de façon à former de petits coussins.

Finition :
• Garnissez un plat à gratin de papier sulfurisé et déposez-y les crêpes ; passez 10 min au four.

• Servez les crêpes sur les assiettes, arrosez avec le jus Suzette ; décorez avec des quartiers d'orange.
Faites chauffer le reste du Grand Marnier, flambez les crêpes.

Cette recette peut aussi être réalisée avec d'autres courges telles que 'Winter Luxury' ou 'Small Sugar'. Il faut prévoir environ 3 kg de courge en tout.

Recette de :
Sébastien Michel
Chef pâtissier
Auberge et Clos des Cimes
43290 Saint-Bonnet-le-Froid
Tél. : 04 71 59 93 72
Fax : 04 71 59 93 40

Courge de Siam

Cucurbita ficifolia (Bouché) ou *C. melanosperma* (Braun) (famille des Cucurbitacées)

Originaire du Mexique, cette courge est vivace dans les pays tropicaux, annuelle chez nous. Aussi appelée « melon de Malabar », « courge à feuilles de figuier » ou « chilacayote », elle est très vigoureuse : ses tiges, munies de vrilles, courent ou grimpent jusqu'à 15 m. Les feuilles arrondies, découpées en 5 lobes, sont vert foncé tacheté de vert jaunâtre. Les fruits ovoïdes mesurent de 15 à 20 cm de diamètre sur 20 à 25 cm de hauteur ; leur peau, très dure, est lisse et vernissée, d'un beau vert, parcourue d'une dizaine de lignes blanches et constellée de taches blanches. La chair est blanche, filandreuse et douce ; cuite, elle donne des filaments blancs, semblables à du vermicelle. Chaque plante peut donner une bonne dizaine de fruits atteignant un poids de 5 kg ; récoltés à maturité, ils se conservent plus de 2 ans. La fructification a lieu lorsque la durée du jour est au moins égale à celle de la nuit. Les graines sont noires et conservent leurs capacités germinatives pendant 7 ans environ.

Culture

Dans la deuxième quinzaine d'avril, semez 1 à 3 graines en godets, à l'intérieur, à la lumière. Arrosez suffisamment mais sans excès ; la levée se fait dans les 10 jours. Ne gardez qu'un pied par godet et maintenez des arrosages réguliers.
Lorsque la plante a de 2 à 4 feuilles (sans compter les cotylédons), effectuez la plantation en pleine terre, en plein air, vers la fin mai, quand les gelées ne sont plus à craindre, à bonne exposition.
À la plantation, en pleine terre, au soleil, mettez 2 pelletées de compost ou de fumier bien décomposé dans chaque trou, les poquets étant espacés de 2,50 m en tous sens. Formez une cuvette autour de chaque plant de manière à faciliter ensuite l'arrosage.
Installés au pied d'un arbre ou d'une grille, les plants de courge de Siam se chargeront de les habiller.
Vous pouvez aussi semer directement en place dès la première semaine de mai, dans les mêmes conditions que précédemment.

Récolte et conservation

Récoltés jeunes et tendres, les fruits se consomment dans les 2 à 4 jours, aussi ne prélevez que le nécessaire au fur et à mesure des besoins.
Récoltés à maturité, c'est-à-dire juste avant les grandes gelées, entre le 15 et le 30 octobre, ils peuvent se conserver plusieurs années dans un local chaud et aéré, à la lumière.

Utilisation

Les fruits jeunes de courge de Siam se préparent à la façon des courgettes.
À maturité, on les cuit à l'eau et on extrait les fins filaments que l'on peut assaisonner en choucroute ou bien utiliser pour préparer gratins, beignets, sautés, plats à la tomate, confiture (« confiture de cheveux d'anges »), etc.

Les conseils du jardinier

Cette courge est envahissante ; profitez de son exubérance pour nettoyer naturellement de ses « mauvaises herbes » (tel le chardon) un coin du jardin.

Courge à trompe d'Albenga

Cucurbita moschata (Duchesne) (famille des Cucurbitacées)

Originaire du Mexique ou d'Amérique centrale, cette courge coureuse italienne à tiges rampantes nombreuses et velues possède des feuilles, poilues elles aussi, de couleur vert foncé, tachetées de blanc le long des nervures. Elle donne des fruits cylindriques, terminés par un renflement (contenant les graines) plus ou moins important côté ombilic. Ceux-ci peuvent atteindre 1,50 m de long pour un diamètre de 5 à 8 cm ; de couleur vert clair, ils virent à l'ocre à maturité. La chair est ferme, de couleur orangé clair, avec un goût de noisette fraîche. Chaque plante peut porter 6 ou 7 fruits de 1 à 4 kg ; récoltés à maturité, ils se conservent de quelques mois à plus d'un an. Durée germinative des graines : environ 6 ans.

Culture

À partir du 15 avril, semez 2 ou 3 graines dans des godets de 9, à la lumière ; maintenez une température d'au moins 20 °C et un arrosage suffisant ; la levée doit se faire dans un délai de 1 à 2 semaines. Ne gardez ensuite que 1 ou 2 pieds par godet. Maintenez des arrosages fréquents jusqu'à la plantation en pleine terre, en plein air, à partir du 15 mai, à bonne exposition.
Vous pouvez aussi semer en place de fin avril à fin mai, à exposition ensoleillée.
Au semis ou à la plantation, en pleine terre, mettez 1 ou 2 pelletées de compost dans chaque trou, les poquets étant espacés de 2 m en tous sens ; formez une cuvette autour de chaque plant pour faciliter l'arrosage. Pendant la période de végétation, de 3 à 5 mois, arrosez tous les 2 ou 3 jours ou paillez. Pour accélérer le développement et espacer les arrosages, vous pouvez effectuer la plantation sur un plastique noir ou une toile de paillage dans lesquels vous aurez pratiqué un trou pour chaque plante.

Récolte et conservation

Les fruits peuvent être récoltés jeunes et consommés rapidement, comme les courgettes ; ils ne se conservent qu'environ 1 semaine, au frais. Vous pouvez aussi couper le morceau dont vous avez besoin (côté ombilic) et laisser le reste sur le pied ; frottez la coupe du bout du doigt afin d'étaler le jus qui perle car celui-ci forme une pellicule qui empêchera le fruit restant de pourrir pendant 15 jours à 1 mois (l'opération peut être renouvelée plusieurs fois).
Ils peuvent aussi être récoltés à maturité, c'est-à-dire lorsqu'ils prennent une couleur ocre ; ils se conservent alors de 6 mois à 1 an, à la lumière et à une température comprise entre 15 et 25 °C.

Utilisation

Cette courge se mange crue, coupée en rondelles, en dés ou râpée, avec une sauce vinaigrette ou bien dans des salades composées. On peut aussi la cuire à la façon des courgettes, en gratin, en tourte, à la provençale, sautée, en ratatouille, en confiture, etc.

Les conseils du jardinier

- *Surtout n'arrosez pas sur les feuilles, cela précipiterait la formation d'oïdium et ferait sécher les pieds.*
- *Pour récolter des fruits jeunes (courgettes) plus longtemps, vous pouvez effectuer des semis jusqu'à fin juillet.*
- *Aucun traitement n'est nécessaire.*

Crosne du Japon

Stachys affinis (Bunge) (famille des Lamiacées)

Originaire de Chine et du Japon, le crosne a été introduit en France au printemps 1882 et cultivé dans le jardin de M. Pailleux, à Crosne (Essonne), d'où son nom vernaculaire. Cette plante présente des tiges à section carrée, hautes de 30 à 60 cm. Les feuilles ovales-pointues, légèrement gaufrées et rugueuses, sont opposées, d'un vert mat. Les fleurs roses, en épis lâches, apparaissent exceptionnellement sous nos climats, aussi est-il extrêmement difficile d'obtenir des graines ; par contre, le crosne se reproduit très facilement par ses rhizomes tire-bouchonnés blancs. Ces rhizomes comestibles, à peau pratiquement inexistante, sont tendres et riches en eau ; ils se forment en jours courts, à partir de fin septembre ; la récolte peut commencer début novembre et se poursuivre jusqu'en février. Leur finesse et leur goût, mélange de topinambour, de noisette et de pomme de terre, en font un légume apprécié et recherché.

Culture

À partir de mars, plantez 2 à 4 tubercules à 10 ou 15 cm de profondeur dans des poquets espacés de 30 à 40 cm en tous sens, en sol bien drainant, à exposition ensoleillée ; ainsi espacés, ils ne nécessitent pas de buttage ; binez et sarclez jusqu'à la mi-juillet puis paillez et ne désherbez plus qu'à la main. Dans le même type de sol, vous pouvez aussi planter 3 ou 4 tubercules tous les 40 cm sur des lignes espacées de 60 à 70 cm.

Lorsque les plants atteignent de 10 à 20 cm de haut, buttez au fur et à mesure sur les lignes ; binez et sarclez régulièrement jusqu'à mi-juillet et arrosez si nécessaire entre les buttes pendant toute la période estivale. Une couche de 5 cm de menue paille permet d'espacer les arrosages en maintenant la terre fraîche et aérée, et de ralentir la pousse des adventices ; elle facilite également les récoltes pendant les périodes de gelées.

Récolte et conservation

À partir de début novembre, selon les besoins, on n'arrache que ce qui est nécessaire car les tubercules ne se conservent que peu de temps, à l'abri de la lumière ; utilisez-les dans la journée qui suit la récolte. On peut néanmoins effectuer un arrachage conséquent pour disposer de tubercules pendant les jours de gelées très importantes, les stratifier dans du sable sec et les conserver en cave fraîche.

Utilisation

Les tubercules se consomment cuits, bouillis (5 min à l'eau bouillante), à la crème, en salade, ou encore frits, en sauce blanche, au gratin ou confits au vinaigre comme les cornichons.

Les conseils du jardinier

Pour avoir une belle récolte de tubercules assez gros, effectuez un apport de fumier bien décomposé et un labour d'automne, puis retournez l'endroit et plantez au printemps suivant.

Épinard-fraise

Blitum capitatum (Linné), *Chenopodium capitatum* (Ascherson) (famille des Chénopodiacées)

Cette plante, probablement originaire d'Asie occidentale, est présente dans toute l'Europe mais assez rare en France à l'état sauvage. Il s'agit d'une annuelle à tiges dressées ou étalées, buissonnantes, hautes de 20 à parfois plus de 60 cm. Les feuilles de la base sont triangulaires, dentées et d'assez belle taille ; puis, lorsque la plante monte et se divise en de nombreuses branches, les feuilles deviennent plus petites et moins dentées. L'épinard-fraise développe un épi de fleurs vertes groupées en glomérules qui donnent des fruits de la taille d'une petite fraise, devenant rouges à maturité ; ceux-ci sont assez insipides et couverts de graines noires qui sont très dures alors. C'est une plante surprenante et décorative, qui a aussi sa place dans les massifs de fleurs.

Culture

Pour avoir des récoltes plus précoces (dès juillet), semez à l'automne (entre le 15 octobre et le 15 novembre), en pleine terre, quelques graines tous les 30 à 40 cm sur des lignes espacées de 40 à 50 cm ; recouvrez à peine les graines d'un peu de terre et plombez. Au printemps, lorsque les plants ont 3 ou 4 feuilles, éclaircissez pour ne conserver qu'un pied par poquet et buttez légèrement. Entretenez ensuite par des binages et des arrosages réguliers jusqu'aux récoltes.

Il est possible de semer au printemps, à partir de février, dans les mêmes conditions que le semis d'automne, mais aussi pendant la deuxième quinzaine d'août afin d'étaler les récoltes des feuilles et des fruits, le dernier semis n'étant effectué que pour la récolte ultérieure des feuilles.

L'épinard-fraise ne craint pas le gel, mais demande une exposition ensoleillée et une terre fraîche, suffisamment riche en humus.

Récolte et conservation

À partir de début avril, selon les besoins, on coupe les feuilles des jeunes rosettes ; celles-ci se conservent 1 ou 2 jours dans les mêmes conditions que la laitue à couper.

La récolte continue tant que les feuilles restent tendres (environ jusqu'à fin juin) pour les semis d'automne et de printemps. Pour les semis d'août, elle se fait en octobre et novembre, mais on ne récolte pas de fruits.

Les semis d'automne et de printemps donnent des fruits à partir de juin et jusqu'en août. Les fraises se récoltent (bien mûres) au fur et à mesure.

Utilisation

Les feuilles, qui ont un bon goût de noisette fraîche, s'utilisent cuites comme les épinards : à la crème, au jus, en sauce blanche, etc. ; ou crues en salade, seules ou en mélange avec d'autres plantes.

Les fruits bien mûrs ont un léger goût de betterave ; centrifugés, ils font d'excellentes gelées.

Les conseils du jardinier

L'épinard-fraise se reproduisant spontanément, il suffit au printemps d'épargner les jeunes plants en place ou de les arracher et de les repiquer à l'emplacement désiré.

Épinard-fraise aux œufs pochés et au vinaigre d'agastache

Préparation : 20 min

Cuisson : 10 min

Ingrédients (4 personnes)

300 g de feuilles d'épinard-fraise + 4 petites branches portant des fraises, quelques fraises (de l'épinard), 10 feuilles d'agastache, 4 œufs, 150 g de lardons, 10 cl d'huile d'olive + 1 filet, 3 cl de vinaigre d'agastache, quelques gouttes de vinaigre de vin, 1 gousse d'ail, sel, poivre

• Lavez séparément les feuilles d'épinard-fraise et les feuilles d'agastache. Rincez les petites branches et les fraises.
Épluchez et écrasez l'ail.
Préparez une vinaigrette en fouettant ensemble vinaigre d'agastache, sel, poivre, ail écrasé et huile.

• Dans un saladier, mettez les feuilles d'épinard-fraise, les feuilles d'agastache ciselées et la vinaigrette ; mélangez bien. Réservez.

• Cassez les œufs un à un dans de l'eau bouillante salée et additionnée d'un peu de vinaigre ; ramenez le blanc autour du jaune, sortez les œufs au bout de 2 min et rafraîchissez-les aussitôt dans de l'eau froide.

• Dans une poêle huilée, faites dorer les lardons.

• Dressez un dôme d'épinards en salade au centre des assiettes, garnissez de lardons et déposez un œuf poché au milieu. Décorez d'une branche d'épinard-fraise avec ses fruits et parsemez de quelques fraises.

Fève 'D'Aguadulce'

Vicia faba (Linné) (famille des Fabacées)

La fève est cultivée depuis l'Antiquité ; la variété 'D'Aguadulce' est une amélioration de la fève 'De Séville à longue cosse'. C'est une plante annuelle, haute de 80 cm à 1 m ; sa tige carrée, assez forte, est creuse et dressée. Les feuilles alternes composées à folioles ovales sont de couleur vert clair. Les fleurs hermaphrodites, blanches à cœur noir violacé, se forment en grappes comptant 1 à 4 éléments, le plus souvent un seul. Les premières fleurs apparaissent aux alentours de la dixième feuille. Chaque tige ne porte en général que 3 à 5 cosses bien développées qui renferment 7 à 9 graines de belle taille. La durée germinative des graines est de 6 à 10 ans.

Récolte et conservation

Environ 4 mois après le semis, souvent à partir de la mi-juin, on récolte les cosses parvenues à la moitié ou aux trois quarts de leur développement afin de consommer les fèves crues. Pour une utilisation en purée ou potage, on peut les récolter à un stade plus avancé.
Les fèves se conservent dans leurs cosses, non épluchées, au congélateur.

Culture

Semez directement en place entre fin février et début mars 1 graine tous les 10 à 15 cm sur des lignes espacées de 40 à 50 cm, au soleil, dans une terre fraîche et bien fumée. La levée demande 10 à 15 jours ; binez et sarclez. Lorsque les pieds atteignent 15 cm de haut, effectuez un buttage (celui-ci maintient les plantes dressées lorsque les fruits se développent).
Si nécessaire, arrosez par aspersion, en pluie, lorsque la plante a atteint une hauteur d'environ 50 cm (à partir du 15 mai), le matin ; ces arrosages ont un double rôle : apporter l'humidité dont les plants ont besoin mais aussi limiter les attaques de pucerons noirs ; vous pouvez aussi utiliser des larves de coccinelles pour les combattre.
Dans les régions au climat doux, il est également possible de semer les fèves entre fin octobre et début novembre.

Utilisation

Les fèves fraîches se consomment crues (débarrassées de leur peau) comme les radis, à la croque-au-sel ; ou cuites, à peine poêlées au beurre avec basilic et citron, en accompagnement de poissons et crustacés, ou dans des purées et potages.
Bien développées et mûres, elles s'utilisent seulement en purées, soupes et potages.

Les conseils du jardinier

- *Effectuez des semis toutes les 3 à 4 semaines jusqu'au 20 mai afin d'étaler les récoltes.*
- *Ne semez jamais une grande quantité à la fois.*

Gourde massue longue

Lagenaria siceraria (Standley) var. *longissima* (famille des Cucurbitacées)

Originaire des régions tropicales, cette courge coureuse produit de fines tiges poilues, munies de nombreuses vrilles, qui peuvent grimper ou ramper sur plus de 4 m. Ses feuilles, rondes, entières, longuement pétiolées, dégagent une odeur assez forte. Ses fleurs monoïques sont blanches. Les fruits cylindriques, allongés, plus gros côté ombilic, atteignent 60 cm à 1,60 m de long pour un diamètre de 10 à 12 cm ; leur pédoncule est long et solide ; leur peau est dure, d'abord vert clair puis blanchâtre à maturité ; en séchant, elle prend des couleurs ocrées formant des taches. Lorsque les fruits sont cueillis jeunes, la chair blanche, épaisse et moelleuse, est comestible. Chaque plant donne de 3 à 6 fruits. La durée germinative des graines est de 5 à 7 ans.

Culture

De fin avril à mi-mai, en pleine terre, semez en place 2 ou 3 graines dans des poquets espacés de 1 à 2 m en tous sens, à exposition ensoleillée, dans une terre chaude et enrichie de compost. Par la suite, ne gardez que le plus beau pied et arrosez régulièrement pendant toute la période de végétation de 3 à 5 mois. Un bon paillage permettra de limiter les arrosages (5 litres d'eau éventuellement additionnés de 10 % de purin d'ortie une fois par semaine). Les plantes peuvent être conduites sur une grille, un petit arbre mort ou tout autre support.

Récolte et conservation

Les fruits se récoltent jeunes et tendres, jusqu'à 30 cm de long ; ils se conservent quelques jours, mais il est préférable de les consommer immédiatement. La récolte se prolonge tout l'été si la cueillette est régulière.
Les extrémités des tiges tendres (de 10 à 15 cm) peuvent se garder environ 2 ou 3 jours dans le bas du réfrigérateur.

Utilisation

Les fruits jeunes se consomment de la même manière que les courgettes.
Les extrémités des tiges rampantes se mangent en « brèdes » (en légumes verts) comme les haricots verts, ou en accompagnement du riz.

Les conseils du jardinier

Pour un meilleur rendement et pour accélérer le développement, il est souhaitable d'utiliser une couverture du sol avec une toile de paillage.

Les haricots

Haricot dolique asperge

Vigna unguiculata ssp. *sesquipedalis* (Linné, Van Eseltine) (famille des Fabacées)

Cette plante herbacée est originaire d'Amérique du Sud. Ses tiges grimpantes, volubiles, s'élèvent de 2 à 4 m. Les feuilles à 3 folioles sont longues, pointues, de couleur vert foncé. Les fleurs violet pâle et jaune se présentent généralement par 2, parfois solitaires, au bout d'un long pédoncule. Les cosses, groupées par 2, sont cylindriques, pendantes, très fines, de couleur vert clair ; elles mesurent de 30 cm à 1 m. Chaque cosse ne contient cependant que de 6 à 10 grains mesurant 5 à 8 mm, de forme ovale incurvée, lie-de-vin pâle, à ombilic blanc souligné de noir. La durée germinative des graines est d'environ 4 ans.

Culture

Après le 15 mai, semez en place 4 ou 5 graines dans des poquets espacés de 30 cm sur 2 lignes distantes de 80 cm à 1 m, dans un endroit abrité et ensoleillé, en terre bien drainée. Vous pouvez recouvrir d'un voile de forçage pour faciliter la germination car les doliques aiment la chaleur. Lorsque la levée est effective, dans la première quinzaine de juin, ôtez le voile, binez, désherbez et buttez très légèrement. Lorsque les doliques ont atteint une hauteur de 15 à 20 cm, faites un bon buttage et ramez comme pour les autres haricots ; c'est pour faciliter cette opération que l'on plante en ligne par nombre pair. Vous pouvez aussi utiliser du filet plastique à ramer ou de la grille plastifiée à maille carrée (qui pourra servir plusieurs années).
Entretenez les buttes par des sarclages réguliers. Arrosez régulièrement le matin, par beau temps, mais sans excès (afin d'éviter que le botrytis ne se développe sur les tiges), entre les lignes pendant tout l'été ; vous préviendrez ainsi les attaques d'araignées rouges. Il faut compter 2 mois et demi à 3 mois pour commencer les récoltes.

Récolte et conservation

On récolte les gousses vertes et fermes lorsqu'elles ont atteint entre 20 et 30 cm de long ; elles se conservent quelques jours au frais, mais sont meilleures consommées dans les 2 jours. On peut garder le surplus au congélateur, comme les haricots verts, mais le résultat n'est à mon avis pas très concluant.

Utilisation

Les doliques se consomment comme les haricots verts : au jus, à la crème, en vinaigrette, dans les soupes, etc.

Les conseils du jardinier

Récoltez la future semence à maturité (vous pourrez la conserver au congélateur) : les graines récoltées sont souvent plus adaptées au climat local.

Doliques aux têtes d'ail confites

PRÉPARATION : 30 min

CUISSON : 1 h

INGRÉDIENTS (4 personnes)

1 kg de doliques, 4 têtes d'ail, 10 cl d'huile d'olive, fleur de sel, thym, 2 échalotes

• Coupez les têtes d'ail au tiers de leur hauteur côté tige (côté pointu).
Rangez-les dans un plat à four, arrosez-les généreusement d'huile d'olive, ajoutez un peu de fleur de sel et de thym.
Faites cuire au four pendant 1 h, thermostat 7.

• Pendant ce temps, triez les doliques (coupez les extrémités des gousses), rincez-les à l'eau claire et faites-les cuire à l'eau bouillante salée pendant 20 min ; égouttez.

• Présentez-les sur les assiettes en les disposant en rond, placez une tête d'ail au milieu, ajoutez quelques rondelles d'échalote, 1 ou 2 pincées de fleur de sel et un filet d'huile d'olive.

Haricot 'Flageolet à rame'

Phaseolus vulgaris (Linné) (famille des Fabacées)

Le haricot commun est originaire d'Amérique centrale et d'Amérique du Sud. 'Flageolet à rame' est une variété grimpante dont les tiges assez grosses s'élèvent à 3 ou 4 m. Ces dernières sont peu divisées et s'allongent assez vite ; moyennement fournies en feuilles à 3 folioles pointues et velues de couleur vert foncé, elles s'enroulent dès le début autour des rames. Les fleurs blanches, groupées au bout d'un pédoncule dressé, sont autofertiles et donnent généralement de 2 à 4 longues gousses qui atteignent environ 20 cm de long ; les fructifications commencent dès le bas et se décalent jusqu'en haut des tiges. Chaque cosse contient de 3 à 8 grains aplatis, parfois légèrement carrés aux extrémités, blancs à vert pâle, de 1 cm de long. La durée germinative des graines est de 4 ans.

Culture

Autour du 15 mai, semez en place 4 ou 5 graines dans des poquets espacés de 30 cm sur des rangs doubles distants de 80 cm à 1 m, au soleil (tout du moins au soleil levant), dans une terre fraîche bien ameublie avec un léger apport de fumier bien décomposé. Il est recommandé de passer les graines au congélateur ou dans le freezer du réfrigérateur pendant environ 1 semaine avant le semis et de ne les recouvrir que de 2 à 3 cm de terre fine (autrefois, il était souvent dit que les graines de haricots doivent entendre « sonner l'angélus » ou « le pas du jardinier »). Semez de préférence dans une terre réchauffée et arrosez, au besoin, le fond du sillon avant de déposer les graines ; surtout ne tassez pas la terre. Lorsque les pieds sont suffisamment grands (15 cm environ), effectuez un bon buttage et installez des rames en les croisant à environ 40 cm du haut et en les reliant par des rames disposées en travers ; attachez solidement le tout. Désherbez régulièrement et arrosez entre les buttes pendant les périodes très chaudes.

Récolte et conservation

On peut récolter les gousses jeunes et tendres (elles se conservent de 2 à 3 jours au frais) ou au fur et à mesure en demi-secs, lorsque les cosses jaunissent ; on peut aussi attendre que les cosses soient sèches – mais encore de couleur vert pâle – ainsi les grains sont verts. Demi-secs ou secs, ils se conservent au congélateur ; la conservation au froid empêche le charançon de se développer.

Utilisation

Les gousses jeunes se consomment comme les haricots verts : au jus, à la crème, en vinaigrette, dans les soupes, etc.
On utilise les grains secs ou demi-secs en ragoûts, dans les cassoulets, dans les potées, en vinaigrette.

Les conseils du jardinier

Sélectionnez les futures semences parmi la récolte des cosses sèches en choisissant les plus belles et mettez-les au congélateur.

Haricot de Lima 'Panach'

Phaseolus lunatus (Linné) (famille des Fabacées)

Originaire d'Amérique du Sud, ce haricot est vivace dans les pays tropicaux mais annuel ailleurs. Les tiges peuvent s'élever à plus de 3 m. Les feuilles comportent 3 folioles ovales, plus longues que celles des autres haricots, peu poilues. Les fleurs blanches sont petites, réunies en grappes longues et raides ; les gousses, groupées par 3 à 6, arquées, sont courtes, larges, aplaties et rugueuses (un peu comme le haricot d'Espagne). En général, chaque gousse contient de 1 à 3 gros grains plats, blanc picoté et rayé de pourpre vineux. Les graines gardent leurs capacités germinatives pendant 2 à 4 ans mais on peut prolonger cette durée en les conservant bien sèches au congélateur.

Culture

À partir de la deuxième semaine de mai, semez en place, en plein soleil, dans une terre caillouteuse (car plus chaude), 2 à 4 graines dans des poquets espacés de 30 à 40 cm sur 2 lignes distantes de 90 cm à 1 m ; recouvrez d'un voile de forçage pour aider à la germination (ces haricots ont besoin de chaleur).
Lorsque la levée est effective et que la température s'est élevée, enlevez le voile, binez pour ôter l'herbe qui a également profité du voile pour germer. Lorsque les plantes atteignent environ 15 cm, faites un bon buttage et installez, à chaque pied, des rames de 3 à 3,50 m de long en les croisant à 40 cm du haut et en les maintenant avec des rames disposées en travers. Au besoin, vous aiderez les tiges rampantes à « prendre les rames » au moyen de fils de fer plastifiés. Entretenez les buttes en arrachant l'herbe et arrosez entre les buttes pendant toute la période de fortes chaleurs. Vous pouvez aussi effectuer un paillage entre les rangs pour maintenir la fraîcheur.
Cette variété demande au moins 85 jours du semis à la première récolte.

Récolte et conservation

La récolte des grains frais s'effectue entre fin septembre et fin octobre (hors gelées), quand les gousses sont renflées mais avant qu'elles ne soient mûres (jaunissement). En effet, les grains secs contiennent des glucosides toxiques qu'il faut éliminer par un trempage avant la cuisson à l'eau. Les grains frais ne posent pas ces problèmes et sont meilleurs. On peut conserver le surplus au congélateur.

Toutefois, lorsque les grains arrivent à maturité (ce n'est pas toujours le cas chez nous), il faut en profiter pour récolter la future semence, qui pourra être conservée au froid (au congélateur).

Utilisation

Les grains frais se consomment comme les autres haricots : en potage, en purée, en ragoût, à l'huile et au vinaigre, au beurre, etc. Avec les grains secs, on fait une farine qui est utilisée en biscuiterie.

Les conseils du jardinier

Pour une production en petite quantité, effectuez le semis dans des godets afin de démarrer plus tôt puis repiquez après le 15 mai en abritant un peu, si possible, jusqu'à la pose des rames.

Haricot 'Saint-Esprit à œil rouge'

Phaseolus vulgaris (Linné) (famille des Fabacées)

Ce haricot à cosse parcheminée et à port nain peut atteindre 35 à 40 cm de haut avec d'assez nombreuses ramifications. Les feuilles à 3 folioles acuminées et réticulées sont de taille moyenne et de couleur bien verte. Les fleurs, assez grandes et réunies par 10 environ, sont de couleur blanche. Les gousses droites, vert foncé, sont longues d'environ 15 cm ; elles jaunissent à maturité et contiennent de 4 à 6 grains réniformes allongés. Ces grains à tégument blanc sont maculés, autour de l'ombilic, d'une tache rouge grenat évoquant la silhouette d'un oiseau aux ailes déployées. C'est une variété demi-hâtive sur un cycle de 120 jours environ et de bonne qualité gustative. Encore appelée « à la religieuse » ou « nombril de bonne sœur », elle est très proche du 'Flageolet Victoria'. La durée germinative des graines est de 3 à 4 ans.

Culture

À partir de la deuxième semaine de mai (15 jours plus tôt ou 15 jours plus tard selon les régions), choisissez un jour où la terre est suffisamment réchauffée et semez en place 4 ou 5 graines tous les 30 cm sur des rangs espacés de 60 cm, dans une terre plutôt légère, bien ameublie, chaude et riche en humus ; au préalable, arrosez le fond du sillon et recouvrez les graines de 2 à 3 cm de terre fine.
Dès la levée, effectuez un binage ; recommencez 1 semaine plus tard en réalisant un bon buttage. Désherbez et arrosez lorsque cela est nécessaire, 1 ou 2 fois par semaine pendant la période chaude (à partir de la floraison) ; arrosez de préférence le matin de bonne heure, entre les rangs, sans mouiller les feuilles.

Récolte et conservation

Les premières cosses sont excellentes en filets fins. Les gousses jaunissantes donnent des grains frais qui se gardent 1 ou 2 jours au réfrigérateur (pas plus longtemps car ils noircissent) ; on peut aussi les conserver jusqu'à 1 an entreposées au congélateur.
Les grains secs, récoltés lorsque les cosses sont sèches, s'utiliseront dans l'année ; ils peuvent aussi se conserver au congélateur.

Utilisation

On mange les filets fins comme tous les haricots verts.
Les grains secs ou demi-secs se préparent en ragoûts, en cassoulets, en potées, en vinaigrette, en soupes, en purée, etc.

Les conseils du jardinier

La levée doit se faire rapidement ; pour cela, il faut que la terre soit bien réchauffée (vérifiez que c'est bien le cas en enfonçant les doigts dans la terre) et avoir mis les graines au moins 8 jours avant au congélateur ou dans le freezer du réfrigérateur.

Nombrils de bonne sœur à l'épazote

Préparation : 20 min

Cuisson : 1 h 40

Ingrédients (4 personnes)

750 g de haricots demi-secs 'Saint-Esprit à œil rouge', 100 g de graisse de canard, 5 petites branches d'épazote (Chenopodium ambrosoïdes) + 1 petit bouquet garni, 5 gousses d'ail rocambole, 3 cuillères à soupe d'huile d'œillette (de pavot), 3 cuillères à soupe d'huile de noisette, 1 cuillère à soupe de vinaigre de vin vieux, 1 citron vert non traité, 1 oignon, 1 clou de girofle, 1 bouquet garni, 3 bulbilles d'oignon de catawissa, 1 cuillère à soupe de gros sel, sel, poivre

• Dans un faitout, passez les haricots à la graisse de canard fondue. Versez 1,5 l d'eau froide, ajoutez l'oignon piqué du clou de girofle, le bouquet garni, 3 branches d'épazote et 3 gousses d'ail.

• Portez à ébullition, écumez, salez avec le gros sel et laissez cuire environ 1 h 30 (rajoutez un peu d'eau si nécessaire).

• Pendant ce temps, lavez le citron, coupez-le en 2, pressez le jus, prélevez les zestes et faites-les blanchir 5 min à l'eau bouillante ; égouttez et rafraîchissez sous l'eau immédiatement. Réservez.

• Préparez une vinaigrette avec les huiles, le vinaigre, le jus de citron, 1 cuillère à soupe d'eau tiède, du sel, du poivre, le reste d'épazote (2 branches) finement haché et 2 gousses d'ail ciselées ; mélangez bien.

• Égouttez les haricots, attendez qu'ils soient tièdes.

• Dans un saladier, versez la vinaigrette et les haricots, remuez délicatement. Dans un plat de service, formez un dôme avec les haricots, parsemez-les de quelques zestes de citron, piquez un petit bouquet d'épazote au centre et disposez autour les bulbilles d'oignon coupées en 2.

Haricot tarbais

Phaseolus vulgaris (Linné) (famille des Fabacées)

Ce haricot commun a été introduit dans la plaine de Tarbes au début du XVIIIe siècle en même temps que le maïs par l'évêque de Tarbes. Il a très vite été associé au maïs, qui lui servait de tuteur, ce voisinage étant bénéfique aux deux plantes (ombre, échange d'azote...) en leur conférant une meilleure résistance aux maladies ; c'est pourquoi il est aussi appelé « haricot maïs ». Il s'agit d'une variété grimpante vigoureuse dont les tiges, très feuillues, s'élèvent à 2,50 m ; elles se divisent et portent une végétation luxuriante à floraison étagée commençant dès le bas. Les fleurs blanches, perdues dans le feuillage dense, sont autofertiles et donnent des gousses de 13 à 16 cm de long. Chaque cosse contient de 2 à 6 grains plats, réniformes, de couleur blanc cassé, de 2 cm de long. D'excellente qualité, ces grains présentent une peau très fine et ne sont pas farineux ; ils sont donc faciles à digérer. Leur durée germinative est en moyenne de 3 à 4 ans. Précisons qu'une concertation entre les producteurs, Pierre Pujol et la chambre d'agriculture a permis de mettre en place un label rouge en 1998 puis une IGP (indication géographique protégée) en 1999.

Culture

À partir de la deuxième semaine de mai, semez en place 4 ou 5 graines tous les 30 cm sur des rangs doubles espacés de 80 cm à 1 m, dans une terre fraîche et caillouteuse, qui permet un développement plus rapide (les cailloux restituent la nuit la chaleur emmagasinée le jour).
Arrosez, au besoin, le fond du sillon avant de déposer les graines, puis recouvrez sans tasser la terre. Lorsque les pieds mesurent 10 à 15 cm, buttez et installez des rames de 3 m ; il restera ainsi 2,50 m à la plante pour grimper. Désherbez et arrosez entre les buttes quand cela est nécessaire.

Récolte et conservation

Récoltés en 2 ou 3 fois, les gousses jaunissantes donnent des grains frais qui se gardent 1 ou 2 jours au frais (plus longtemps au congélateur). On peut aussi attendre que les cosses soient sèches pour la récolte des grains secs qui s'utiliseront dans l'année (ils se conservent également au congélateur).

Utilisation

On utilise les grains secs ou demi-secs en ragoûts, dans les cassoulets, dans les potées, en vinaigrette, dans les soupes, etc.

Les conseils du jardinier

Pour plus de renseignements vous pouvez consulter :
Association interprofessionnelle du haricot tarbais
Zone de Bastillac - 65000 Tarbes

Hélianti

Helianthus strumosus (Linné) (famille des Astéracées)

Originaire d'Amérique du Nord, l'hélianti est cultivé en France depuis le début du XXe siècle. Cette plante potagère rustique, à cycle annuel, est très proche du topinambour. Elle produit des tiges dressées, rameuses et velues pouvant atteindre 2 m de haut. Les feuilles ovales-lancéolées, légèrement dentées et couvertes d'une fine pilosité, sont pétiolées et mesurent de 8 à 16 cm de long. Les nombreux rhizomes ont la forme d'un fuseau allongé, de la grosseur d'un doigt. L'hélianti botanique ne donne pas de graines ; il se multiplie par les rhizomes que l'on conserve en cave par stratification dans le sable.

Culture

En mars, en lune décroissante, plantez 1 rhizome tous les 40 cm sur des rangs espacés de 80 cm, à une profondeur de 10 à 12 cm. Cette plante préfère les sols profonds, frais et riches en humus, ainsi qu'une exposition ensoleillée.

Binez, sarclez et buttez lorsque les plants ont atteint de 25 à 30 cm de haut (une bonne butte protège davantage contre la sécheresse et les vents). Continuez les sarclages et arrosez si nécessaire pendant la période estivale. Une légère couverture de fumier très pailleux permet d'espacer les arrosages et d'augmenter le rendement.

Récolte et conservation

La récolte des rhizomes se fait au fur et à mesure des besoins à partir de fin octobre (à ce moment, les tiges sont sèches). Afin de prolonger l'arrachage jusqu'en mars, protégez la terre du gel par un paillage de fougères, de feuilles sèches ou de paillettes de lin. Les rhizomes ne se conservent que quelques jours, ils flétrissent très vite à l'air ; pour les garder plus longtemps, il vaut mieux les enterrer dans du sable sec, mais ils sont bien meilleurs consommés le jour de la récolte.

Utilisation

Les rhizomes se mangent crus, râpés en vinaigrette avec d'autres légumes, ou cuits, en salade, au jus, à la crème, en gratin, dans des minitourtes, dans les soupes, frits, au vinaigre, etc.

Les conseils du jardinier

- *Cette plante épuisant rapidement le sol, il est souhaitable de ne pas la cultiver de nouveau au même endroit avant 4 ans et d'effectuer un apport de fumier bien mûr.*
- *Veillez à ne pas laisser d'éclats lors de l'arrachage car l'hélianti est envahissant.*

Les laitues

Laitue 'Celtuce'

Lactuca sativa (Linné) ssp. *angustana irish* (famille des Astéracées)

Les laitues sont probablement originaires d'Asie et/ou d'Europe. Cette variété, très cultivée et consommée en Inde et en Chine, a été introduite en France à la fin du XIXe siècle. Il s'agit d'une laitue à grandes feuilles tendres et à montaison rapide, plus riche en vitamines que les autres. Les tiges épaisses, légèrement renflées vers le bas, d'un diamètre de 3 à 5 cm, se récoltent lorsqu'elles atteignent 25 à 35 cm. Les feuilles assez larges et longues sont arrondies comme celles des laitues romaines, mais elles sont moins épaisses, peu gaufrées et d'un vert plus pâle.

Laitue 'Feuille de chêne rouge'

Lactuca sativa var. *crispa* (Linné) (famille des Astéracées)

Comme sa grande sœur à feuillage blond, cette variété fait partie des laitues à couper. Les feuilles découpées et arrondies sont légèrement gaufrées et ondulées. Elles croissent en rosette étalée formant une boule mais pommant très peu. Cette laitue est plus grande que la blonde et beaucoup plus lente à monter. On l'utilise comme les autres variétés, mais elle émet des rejets sur le bas de la tige que l'on peut consommer par la suite.

Laitue 'Sucrine'

Lactuca sativa var. *longifolia* (Linné) famille des Astéracées)

Cette variété est cultivée depuis la fin du XIXe siècle et figurait au catalogue Vilmorin dès 1880 sous le nom de 'Romaine Lebœuf'. Il s'agit d'une petite variété compacte de 20 cm de diamètre, à feuilles épaisses, rondes, ondulées et d'un beau vert franc, formant une petite pomme dont le cœur est ferme et sucré. Elle est lente à monter et d'excellente qualité gustative, avec un bon goût de noisette fraîche. La durée germinative des graines est de 5 ou 6 ans, comme celle de la plupart des autres variétés.

Culture

Les laitues 'Celtuce' se sèment en plusieurs fois, de début mars jusqu'au 15 août. La récolte pouvant commencer au bout de 2 à 3 mois, on effectue les différents semis en conséquence.
Semez directement en place sur des lignes espacées de 40 cm, en recouvrant à peine les graines avec le dos du râteau. Lorsque les plants ont entre 4 et 6 feuilles, éclaircissez à au moins 20 cm sur les rangs ; vous pouvez aussi repiquer les pieds enlevés, aux mêmes distances que précédemment, en les « habillant » (surtout par temps chaud), c'est-à-dire en raccourcissant feuilles et racines.
Binez, sarclez, buttez légèrement et arrosez régulièrement (plus copieusement pendant la période estivale).

Les laitues à couper se sèment aux mêmes périodes. Dans une terre fertile et fraîche, semez directement des lignes espacées de 30 cm, en recouvrant très légèrement les graines. Éclaircissez, au fur et à mesure de la récolte des jeunes plants pour la consommation ou le repiquage, jusqu'à obtenir un espacement de 30 cm.
Binez, sarclez et arrosez quand cela est nécessaire. Les laitues se sèment de préférence juste avant la nouvelle lune, donc en lune décroissante ou descendante (lune vieille).

Les laitues 'Sucrine' peuvent se semer en godets, à l'intérieur, à partir du 15 février. Dans des godets de 7, remplis d'un mélange de terreau et de sable (dans la proportion de 3/4 et 1/4), semez 2 graines et recouvrez-les à peine. Par la suite, ne gardez qu'un pied. Lorsque les pieds ont atteint 5 cm, mettez-les en place à intervalles de 30 à 40 cm sur des lignes espacées de la même distance.
Binez et arrosez régulièrement jusqu'à la récolte. Vous pouvez aussi semer directement en place à partir de mars jusqu'en août, aux mêmes distances.

Luttez contre les pucerons du collet, les vers blancs et les taupins en effectuant un arrosage des racines avec un traitement à la roténone. Lorsqu'une laitue vient à flétrir, il y a de grandes chances qu'elle soit attaquée par un ver blanc, un ver gris ou un taupin ; observez régulièrement vos laitues et n'attendez pas pour traiter, il faut déterrer la larve et la détruire avant qu'elle ne passe à la laitue suivante.

Récolte et conservation

Les laitues 'Celtuce' se récoltent quand les tiges atteignent 25 à 35 cm ; coupez les tiges au ras du sol et effeuillez-les en gardant le cœur. Conservez les feuilles tendres, elles se mangent aussi.
Les laitues 'Feuille de chêne rouge' peuvent se récolter entières comme les autres laitues ou bien en coupant les feuilles à consommer au fur et à mesure de leur développement.
En général, les laitues pommées se récoltent entières, selon les besoins, peu de temps avant leur utilisation ; cependant, elles peuvent se conserver 1 journée dans le bas du réfrigérateur.

Utilisation

On mange les cœurs des '**Celtuce**' comme les autres laitues ; les tiges pelées peuvent être cuites et préparées en béchamel, au gratin, au jus, à la crème, ou bien coupées en tranches et frites. Les feuilles enlevées lors de l'effeuillage se consomment cuites au jus, au gratin, en béchamel et dans les potages ; elles sont très bonnes.
Les laitues '**Feuille de chêne**' et '**Sucrine**' se mangent crues en vinaigrette ou en décoration des plats ; ou cuites à la crème, au jus, en sauce blanche, braisées, farcies, dans les soupes, etc.

Les conseils du jardinier

Un arrosage hebdomadaire avec un mélange de purin d'ortie et d'eau dans la proportion de 10 % éloignera les pucerons du collet et donnera un produit de meilleure qualité gustative.

Effeuillée de 'Sucrine' fleurie

PRÉPARATION : 15 min

INGRÉDIENTS (4 personnes)

1 laitue 'Sucrine', 8 feuilles de capucine, 150 g de roquette, 50 g de pimprenelle, 50 g de basilic rouge, 50 g de ciboulette, 2 jaunes d'œufs, 10 cl d'huile de noix, 3 cl de vinaigre de cidre (aux fleurs de sureau), sel, poivre, 1 cuillère à soupe de moutarde
POUR DÉCORER :
8 fleurs de capucine, 4 ombelles de ciboulette, 20 fleurs de bourrache

• Lavez la laitue, les feuilles de capucine et les autres aromatiques. Réservez. Ciselez finement chaque aromatique, séparément.

• Préparez la sauce : dans un saladier, mélangez les jaunes d'œufs avec la moutarde en faisant couler l'huile en filet ; ajoutez le vinaigre, du sel et du poivre, en continuant de mélanger au fouet. Ajoutez les feuilles de laitue (réservez-en 5 grandes) et de capucine ainsi que les aromatiques ; mélangez bien.

• Tapissez les bords d'un saladier avec les 5 grandes feuilles réservées ; versez-y la salade et parsemez les fleurs.

Lentille verte du Puy

Lens esculenta (Mœnch) var. *dupuyensis* (Barulina) (famille des Fabacées)

Probablement originaire d'Europe et d'Asie méridionale, la lentille est cultivée depuis l'Antiquité ; en France, sa présence est attestée plus de 6 000 ans avant notre ère. En 1828, on en découvrit à Saint-Paulien, dans un vase en terre. En 1935, un jugement du tribunal du Puy lui reconnut l'appellation d'origine, et une AOC lui fut décernée en 1996. C'est une plante annuelle haute de 20 à 40 cm, très ramifiée. Ses tiges fines sont anguleuses et dressées. Ses feuilles, composées de 5 à 7 paires de folioles ovales de couleur vert clair, se terminent généralement en vrille. Les fleurs, groupées par 1 à 4 sur des pédoncules assez longs, sont petites et de couleur blanc bleuté ; elles donnent des gousses courtes et aplaties qui contiennent 1 ou 2 graines vert olive tachées de bleu foncé. La durée germinative des graines est de 4 ou 5 ans.

Culture

Les lentilles sont semées en place entre le 15 février et le 15 avril, en lune vieille (pendant le dernier quartier), dans une terre bien drainée (au sous-sol perméable) et lorsque la température du sol est supérieure à 5 °C. Semez à une profondeur de 2 à 3 cm, 1 grain tous les 2 à 5 cm, sur des lignes distantes de 15 à 20 cm. En agriculture, les semis s'effectuent au semoir ; il faut alors environ 100 kg de semence à l'hectare. Binez, sarclez et arrosez quand cela s'avère nécessaire.
Une fumure préalable n'est pas souhaitable ; contentez-vous en tout cas d'une fumure potassique et phosphorique.

Récolte et conservation

On récolte les pieds en les arrachant au moment où les gousses deviennent jaunes (4 à 5 mois après le semis). Il faut les laisser sécher 1 ou 2 jours sur le sol, puis les mettre en bottes et les suspendre dans un local bien ventilé ; on peut les battre au fur et à mesure des besoins, ou bien les battre toutes ensemble lorsqu'elles sont bien sèches et les conserver dans des sacs au congélateur (le froid empêche la bruche de se développer).

Utilisation

Les lentilles se consomment cuisinées au lard et aux saucisses, au jus, en potage, en purée, en vinaigrette, en rémoulade.
On en tire une farine complète qui est utilisée pour faire du pain (aux lardons, par exemple) et des crêpes.

Les conseils du jardinier

Pour plus de renseignements, vous pouvez contacter :
Groupement des producteurs de lentilles du Puy
Bernadette Sigaud
Immeuble interconsulaire
16, bd Prés. Bertrand BP 63
43002 Le Puy-en-Velay Cedex

Ragoût de lentilles vertes du Puy

PRÉPARATION : **45 min**

CUISSON : **45 min**

INGRÉDIENTS **(4 personnes)**

200 g de lentilles vertes du Puy, 8 œufs de caille, 1 kg de cèpes, 1 branche de céleri, 2 carottes, 3 gousses d'ail, 2 oignons, 1 échalote, 1 clou de girofle, persil, 1 bouquet garni, 30 g de beurre, 25 cl de bouillon, 10 cl de jus de viande ou de fond de veau, 10 cl de porto, quelques gouttes de vinaigre, sel

• Faites blanchir les lentilles à l'eau froide puis égouttez-les. Recouvrez-les de 3 fois leur volume d'eau et de bouillon avant de démarrer la cuisson en ajoutant 1 oignon piqué du clou de girofle, 1 carotte, 2 gousses d'ail et le bouquet garni. Laissez cuire à feu doux pendant environ 30 min, en salant à mi-cuisson ; égouttez et gardez le bouillon de cuisson.

• Cassez les œufs individuellement et faites-les cuire à l'eau vinaigrée frémissante non salée pendant environ 1 min ; égouttez-les et fumez-les dans un fumoir durant 5 min environ.

• Taillez la moitié des cèpes en lamelles, faites-les sauter au beurre ; réservez.

• Pour la sauce, taillez le reste des cèpes en petits cubes. Faites revenir l'échalote au beurre, mouillez au porto. Ajoutez les dés de cèpes et le jus de viande ou le fond de veau.

• Faites revenir la brunoise (carotte, céleri et oignon coupés en petits dés). Ajoutez les lentilles et un peu de jus de cuisson avec du beurre, du persil et le reste d'ail haché.

• Disposez les lentilles au milieu des assiettes ; mettez l'œuf poché au centre, les lamelles de cèpes autour. Versez un peu de sauce. Servez, accompagné de pain aux lentilles.

Recette de : Régis Marcon
Grand cuisinier de la Confrérie des lentilles vertes du Puy
Auberge et Clos des Cimes
43290 Saint-Bonnet-le-Froid
Tél. : 04 71 59 93 72
Fax : 04 71 59 93 40

Metulon ou kiwano

Cucumis metuliferus (E. H. Meyer) (famille des Cucurbitacées)

Ce concombre nous vient des régions tropicales d'Afrique et plus particulièrement du Kenya. Il est encore appelé « concombre du Kenya », « melon à cornes », « concombre porte-cornes » ou « concombre africain ». Les tiges grimpantes sont couvertes de poils courts et munies de vrilles ; les feuilles assez larges sont souvent trilobées. Les fleurs monoïques, jaunes, sont très nombreuses ; les fleurs femelles apparaissent assez tardivement et sont en général regroupées près du « tronc », dès la naissance des tiges coureuses. Les fruits oblongs, de 8 à 14 cm de long, hérissés de grosses pointes, sont d'abord vert clair avec des rayures et des cernes (autour des « épines ») plus foncés ; après leur cueillette, ils deviennent jaunes puis orangés à vermillon ; ces fruits, véritables « petits hérissons » sont très décoratifs et se gardent longtemps dans la maison. Une pulpe verte juteuse, très riche en vitamine C, délicieusement parfumée à la banane et au citron, entoure de nombreuses graines. Durée germinative des graines : de 5 à 7 ans.

Culture

Dans la deuxième quinzaine d'avril, semez 2 ou 3 graines dans des godets de 9, à l'intérieur de la maison, à la lumière du jour, ou en serre ; arrosez afin de maintenir une fraîcheur suffisante pour faciliter la germination. Après la levée, qui demande 10 à 15 jours, ne conservez que 1 ou 2 pieds par godet. Continuez les arrosages, sans excès, jusqu'à la plantation.

Mettez en place, à exposition très ensoleillée et même abritée, à 1 m en tous sens, à partir du 15 mai, lorsque les gelées ne sont plus à craindre. Arrosez au pied, régulièrement, selon les besoins, sans mouiller les feuilles. Vous pouvez également prévoir un support pour faire grimper les tiges.

Dans les régions plus chaudes, vous pouvez aussi semer directement en place à partir de la première semaine de mai, dans des poquets abrités et à bonne exposition (à 1 m en tous sens). Préparez les poquets avec une pelletée de compost, déposez 2 ou 3 graines, recouvrez-les d'environ 2 à 5 cm de terre. Après la levée, ne gardez que 2 pieds par poquet ; ne taillez pas et maintenez des arrosages réguliers au pied. Pour éviter la prolifération des herbes et espacer les arrosages, il est nécessaire de pailler.

Récolte et conservation

Les fruits se récoltent lorsqu'ils sont arrivés à complet développement et presque mûrs ; ils se recouvrent alors parfois d'une légère pruine ou commencent à virer au jaune. Ils se conservent, à la chaleur (15 à 21 °C) et à la lumière, de 6 à 9 mois, parfois toute une année (ils sont bons jusqu'à Pâques de l'année suivante). La récolte se fait par temps sec.

Utilisation

Les metulons se consomment crus, en vinaigrette ou sauces salées en accompagnement de carpaccio de poissons, ou sucrés avec un alcool (marasquin, par exemple), en sorbets ; on en fait aussi des confitures.

Les conseils du jardinier

Préférez les terres caillouteuses, qui sont plus aérées et plus chaudes, avec un bon paillage.

Oca du Pérou

Oxalis crenata (Jacquin) (famille des Oxalidacées)

Originaire du Pérou et de Bolivie, cette plante potagère est cultivée en annuelle. Les tiges rougeâtres, épaisses et ramifiées, mi-dressées, longues de 50 cm à 1 m, rampent au sol et se marcottent. Les feuilles charnues, de couleur vert clair, longuement pétiolées, sont divisées en 3 lobes triangulaires arrondis et crantés dans l'axe médian. Les fleurs jaunes, portant quelques stries pourpres à la base, comptent 5 pétales ; elles sont éphémères et ne donnent pas de graines sous nos climats. La plante produit des tubercules de couleur jaune, rouge, blanche à bout rose, de la grosseur d'un œuf de pigeon, parfois plus allongés (jusqu'à 10 cm) ; ils sont marqués de dépressions et ressemblent par la forme à la pomme de terre 'Vitelotte'. L'oca se multiplie par ses tubercules ou par bouturage.

Culture

Entre le 15 mars et le 15 avril, plantez 1 tubercule dans des godets de 9 remplis de terre, de terreau et de sable ; gardez à l'intérieur ou sous couche chaude. Mettez en place, à intervalles de 40 cm, lorsque les gelées ne sont plus à craindre, sur des lignes espacées de 90 cm à 1 m, dans un sol léger et frais. Binez et buttez légèrement puis recouvrez les tiges de terre fine, au fur et à mesure qu'elles s'allongent, en les laissant sortir sur environ 20 cm. Arrosez entre les rangs par temps sec.
La tubérisation (aux nœuds, sur toute la tige enterrée) ne commence qu'en jours courts (il faut que la durée du jour soit inférieure à 9 h), en octobre-novembre, mais elle est très rapide. Vous pouvez accélérer le processus en recouvrant les plants d'un voile noir afin de raccourcir artificiellement la durée du jour (en gagnant par exemple 30 à 45 min le soir et le matin). Cela permet d'obtenir plus tôt un meilleur rendement.
Vous pouvez aussi planter directement en place dans les mêmes conditions à partir de la deuxième semaine de mai et mener les plants de la même façon, en les plaçant à exposition ensoleillée ou à mi-ombre.
L'oca n'est pas sensible à des maladies particulières ; veillez seulement à combattre les limaces qui ont tendance à manger les tubercules tendres.

Récolte et conservation

La récolte des feuilles tendres d'oca du Pérou pour la consommation se fait au fur et à mesure des besoins.
La récolte des tubercules s'effectue après le 10 novembre, lorsque les extrémités des tiges sont gelées ; ils se conservent en cave, stratifiés dans du sable sec.

Utilisation

Les jeunes feuilles s'utilisent comme l'oseille pour des sauces ou dans les salades.
Les tubercules se mangent cuits : en vinaigrette, au jus, à la crème, en gratin, à la sauce blanche, frits...

Les conseils du jardinier

La culture associée des ocas, des pommes de terre, des capucines tubéreuses et des ullucos est très bénéfique, ces plantes s'apportant mutuellement aide et protection. Cette méthode est utilisée dans les pays producteurs d'Amérique du Sud avec des rendements très importants.

Les oignons

Oignon géant 'The Kelsea'

Allium cepa (Linné) (famille des Alliacées)

Probablement originaire d'Asie occidentale, l'oignon est une plante condimentaire bisannuelle. 'The Kelsea' est la variété qui détient le record du monde du plus gros oignon avec un poids dépassant 5 kg. Ses bulbes globuleux piriformes sont de couleur jaune paille clair. Sa chair est blanche, douce et sucrée. Inconvénient majeur de cette variété : elle ne se conserve pas longtemps (1 mois) ; par contre, elle est intéressante pour des préparations qui demandent une quantité importante de bulbes.

Oignon 'Jaune des Cévennes'

Allium cepa (Linné) (famille des Alliacées)

Traditionnellement cultivée dans les Cévennes, et aussi appelée « rayolle des Cévennes », cette variété fait partie des oignons d'hiver. Le bulbe est aplati, d'assez belle taille (6 à 10 cm pour une épaisseur de 4 à 6 cm). Le collet est fin, la tunique jaune grisâtre et brillante. La chair blanche est très douce, de bonne conservation. La durée germinative des graines est de 2 ou 3 ans.

Laissez les bulbes ressuyer quelques jours au soleil avant de les rentrer.

Culture

L'oignon des Cévennes se sème de février à avril à exposition ensoleillée, en sol léger et bien drainé. Le semis s'effectue en lignes distantes de 30 cm ; semez clair dans des sillons de 2 cm de profondeur et recouvrez à peine avec le dos du râteau (1 cm de terre fine). La levée est un peu longue (parfois 1 mois). Dès que les jeunes plantes sont suffisamment grandes, désherbez-les minutieusement, éclaircissez à environ 5 cm et faites un apport de cendres de bois ou/et de suie ; 3 semaines plus tard, éclaircissez à 10 cm (1 oignon sur 2) ; les plants arrachés peuvent être repiqués aux mêmes distances que précédemment ou utilisés dans les salades. Continuez les sarclages et arrosages si nécessaire, jusqu'à la formation des bulbes. Pour obtenir de très gros oignons **'The Kelsea'**, semez dès janvier sur couche chaude ou à l'intérieur en godets ou en caissette et repiquez 1 ou 2 fois à une distance de 15 cm sur des lignes espacées de 30 cm, dans une terre légère, mais fertile, en apportant essentiellement de la potasse (cendres et surtout suie). Binez et arrosez régulièrement (tôt le matin) entre les rangs, si nécessaire, jusqu'à la formation des bulbes et pendant les périodes chaudes et sèches. Ne couchez pas les tiges. Cette variété peut aussi se cultiver comme l'oignon des Cévennes, mais dans ce cas les bulbes seront plus petits.
En période très humide, ou dès l'apparition d'une poudre gris violacé sur les feuilles, effectuez des traitements préventifs à la bouillie bordelaise.

Récolte et conservation

L'oignon des Cévennes se récolte à maturité, de juillet à septembre, lorsque les feuilles sont sèches. Laissez ressuyer les bulbes 2 ou 3 jours au soleil, sur le sol, puis faites-les sécher en couche mince (sur une grille surélevée), ou bien en tresses ou en bottes suspendues, pendant 1 semaine à 15 jours au soleil. Conservez dans un endroit ventilé ou en chambre froide.
'The Kelsea' se récolte autour du 15 octobre ; faites-le sécher en l'étalant dans un endroit ventilé ou, mieux, en chambre froide. Du fait de sa mauvaise conservation, une utilisation rapide est souhaitable.

Utilisation

Les feuilles peuvent servir à assaisonner les salades ou à parfumer les potages.
Les bulbes s'utilisent cuits ou crus pour parfumer les sauces, les salades, les soupes, etc. On en fait des tartes, des confitures aigres-douces. L'oignon 'The Kelsea' est intéressant pour les tartes et les confitures, en raison de sa grosseur et de la qualité douce et sucrée de sa chair.

Les conseils du jardinier

Réalisez les tresses avant complet séchage ; tressés, les oignons se conservent un peu plus longtemps.

Confit d'oignons à l'aigre-doux et sa tartine

PRÉPARATION : 20 min

CUISSON : 1 h

INGRÉDIENTS (4 pots de 240 g)

1 kg d'oignons, 10 cl d'huile d'arachide, 200 g de sucre de canne roux, 300 g de sucre de canne blanc, 25 cl de vin blanc, 5 cl de vinaigre de xérès, 1 citron vert non traité, 1/2 cuillère à soupe de gros sel de mer, 1/2 cuillère à café de poivre à queue (cubebe), 1 cuillère à café de gingembre frais râpé, 1 grosse pincée de coriandre moulue

• Prélevez les zestes du citron et faites-les blanchir 5 min à l'eau bouillante ; égouttez et réservez. Pressez le jus. Épluchez et émincez les oignons.

• Dans une sauteuse, versez l'huile, faites suer les oignons jusqu'à ce qu'ils soient translucides puis versez dans la bassine à confiture.

• Ajoutez les autres ingrédients et faites cuire à feu doux jusqu'à évaporation de l'excédent de jus (environ 45 min). Goûtez et ajustez les saveurs, mettez en pots et laissez refroidir.

• Coupez de belles tranches de pain de campagne, tartinez-les de pâté, couvrez d'une couche de confit et ajoutez un cornichon coupé en éventail.

Vous pouvez remplacer le poivre à queue par du poivre du moulin en diminuant légèrement les quantités.

Oignon de catawissa

Allium cepa (Linné) var. *proliferum* (famille des Alliacées)

Probablement originaire d'Asie occidentale, cette plante potagère condimentaire est vivace par ses bulbes. Les feuilles vertes, tubulaires, renflées au centre, sont dressées comme celles des autres oignons. Les tiges sont aussi dressées, creuses et ventrues ; elles peuvent atteindre environ 70 cm de haut et se terminent par 1 à 3 étages de 3 à 6 bulbilles violacées à brunes. Cet oignon ne produit pas de fleurs, donc pas de graines. Les bulbes, plutôt petits, sont allongés et peu renflés. L'oignon rocambole diffère de cette variété par la plus grande taille de ses bulbes et par la présence de fleurs parmi les bulbilles, lesquelles ne se forment que sur un étage.

Culture

Plantez à l'automne, entre le 15 octobre et le 15 novembre. Réalisez de petites buttes de 8 à 12 cm de haut, en lignes espacées de 30 cm. Au sommet de cette butte, enfoncez un caïeu tous les 10 cm à 3 ou 4 cm de profondeur (cela prévient les excès d'humidité qui ne lui conviennent guère). Vous pouvez faire de même avec les bulbilles mais en les plantant un peu plus serré, tous les 5 à 7 cm, sur des lignes distantes de 25 à 30 cm ; elles donneront des bulbes entiers (et des bulbilles) l'année suivante.

Consommez les plus gros bulbes et servez-vous des plus petits comme semences à l'automne.
Si les plantations d'automne n'ont pu se faire, ne désespérez pas, vous pourrez les réaliser en février de la même façon, à exposition ensoleillée.
Cet oignon est peu sensible aux maladies, en tout cas beaucoup plus résistant que les autres variétés courantes.

Récolte et conservation

Les feuilles se récoltent dès fin février, les bulbilles lorsqu'elles tombent sur le sol et que la tige est sèche. On peut aussi arracher les bulbes au fur et à mesure des besoins.

Utilisation

Les feuilles relèvent les salades ou parfument les potages.
Les bulbilles sont confites au vinaigre ou utilisées pour assaisonner les plats et les salades.
Les bulbes s'emploient comme les autres oignons.

Les conseils du jardinier

Pensez à garder 2 ou 3 pieds et des bulbilles pour la production de l'année suivante.

Oignon patate

Allium cepa (Linné) var. *aggregatum* (famille des Alliacées)

Originaire d'Asie occidentale, cette plante condimentaire est très proche de l'échalote. Ses feuilles tubulaires assez fines, de couleur vert clair, forment une touffe haute de 15 à 20 cm. Les bulbes uniques plantés se divisent en plusieurs caïeux (5 à 10) de forme irrégulière, plus ou moins arrondis, de petite taille et de couleur jaune paille à légèrement cuivrée. Cette variété ne produit ni fleurs, ni graines, ni bulbilles, et se multiplie donc seulement par ses caïeux. Les oignons se conservent d'autant mieux qu'ils sont petits (parfois jusqu'à 2 ans). Leur chair très sucrée est appréciée pour les sauces crues et cuites.

Culture

L'oignon patate se cultive comme l'échalote. Choisissez de beaux caïeux, pas trop gros et bien ronds, et plantez-les à partir de début mars en sol léger et fertile, sans apport de fumier frais, à exposition ensoleillée (au moins le matin jusqu'à midi), en les espaçant de 20 cm sur des lignes distantes de 30 cm. Effectuez des désherbages réguliers ainsi que des binages ou des griffages pour aérer la terre ; n'arrosez pas.

Cette variété est peu sensible aux maladies (les mêmes que celles de l'oignon), mais en cas de temps humide et frais prolongé, il est préférable de faire une pulvérisation de bouillie bordelaise.

Récolte et conservation

La récolte peut commencer dès juin pour une utilisation immédiate (tout du moins dans la journée). L'arrachage des touffes sèches s'effectue en général vers la fin juillet ou dans la première quinzaine d'août, soit après 4 à 5 mois de culture. Laissez les bulbes quelques jours sur le sol, au soleil. Puis étalez-les en couche mince dans des clayettes et continuez de les faire sécher à l'abri dans un endroit ventilé, en les remuant de temps en temps. Ils se conservent sans problème toute l'année, dans un endroit sec et aéré.

Utilisation

Les jeunes feuilles peuvent servir à assaisonner les salades ou à parfumer les potages.

Les oignons s'utilisent entiers, cuits ou crus, pour parfumer les sauces, les salades, les crudités, etc.

Les conseils du jardinier

Triez votre semence dès la récolte et prévoyez-en toujours plus que nécessaire.

Onagre bisannuelle

Oenothera biennis (Linné) (famille des Onagracées)

Originaire d'Amérique du Nord, l'onagre a été introduite en Europe en 1612. Tantôt délaissée, tantôt appréciée, cette plante curieuse est autant un légume qu'une espèce décorative. La première année, les feuilles pétiolées, oblongues, faiblement dentées et un peu duveteuses, sont disposées en rosette à partir du collet. La racine pivotante plus ou moins longue et renflée présente une chair blanche, ferme et cassante (elle devient rose à la cuisson). La deuxième année, la tige florale hispide, à feuilles lancéolées, ramifiée, s'élève jusqu'à une hauteur de 1,50 m. Les grandes fleurs jaunes, réunies en épi terminal feuillé, s'épanouissent l'après-midi de façon échelonnée. Elles donnent de longues capsules contenant de petites graines brunes qui renferment une huile comestible ; les graines conservent leurs capacités germinatives pendant 4 ans.

Culture

Dans un sol plutôt sablonneux, frais et profond, à exposition ensoleillée ou mi-ombragée, semez clair, en place, au début de l'automne ou au début du printemps, sur des lignes distantes de 30 à 40 cm ; recouvrez les graines d'environ 0,50 à 1 cm de terre fine et plombez avec le dos du râteau. Les graines semées à l'automne ne lèvent qu'au printemps, mais la réussite est assurée.

Lorsque les plants ont quelques feuilles, éclaircissez à 25 cm. Les plants enlevés peuvent être replantés sur des lignes aux mêmes distances que précédemment. Binez, sarclez, paillez et arrosez si nécessaire. Les semis ou plantations s'effectuent de préférence en lune descendante ou vieille lune (2 ou 3 jours avant la nouvelle lune).

Récolte et conservation

La première année, on récolte les jeunes feuilles étiolées, au fur et à mesure des besoins. La récolte des racines se fait à partir du mois d'octobre, jusqu'à fin février (elle doit cesser lorsque les pieds « repartent »).

Une bonne couverture de paille ou de feuilles sèches permet un arrachage plus aisé pendant l'hiver.

Les racines d'onagre ne se conservent au frais que quelques jours.

La deuxième année, on récolte les graines mûres.

Utilisation

Les jeunes feuilles se préparent crues en salade. Les racines se mangent comme les salsifis, cuites, à la crème, en béchamel, au jus, sautées, en salade… Des graines, on extrait une excellente huile médicinale et diététique.

Les conseils du jardinier

Pour l'année suivante, la meilleure solution est de conserver 1 à 3 porte-graines et d'utiliser les plants des semis spontanés qui réussissent à coup sûr.

Grande ortie

Urtica dioica (Linné) (famille des Urticacées)

La grande ortie est une plante vivace répandue dans presque toutes les régions tempérées du monde. Elle préfère les sols riches en azote, aussi la trouve-t-on dans les décharges, les haies, les fossés, les lisières, partout où il y a des détritus. Les tiges à 4 angles arrondis, poilues, simples, se dressent jusqu'à 1,30 m de haut. Les feuilles, alternes, ovales, pointues au sommet, en forme de cœur renversé de 5 à 15 cm de long, dentées et poilues, sont de couleur vert foncé ; elles sont portées par des pétioles de 2 à 6 cm de long et présentent 2 stipules. De juin à septembre, de petites fleurs vertes se développent par paires, à l'aisselle des feuilles supérieures ; les fleurs mâles et les fleurs femelles se développent sur des pieds différents. C'est une plante à tiges souterraines rampantes et ramifiées qui produit des rejets. L'ortie est riche en carotène, en vitamine C et en minéraux ; c'est un excellent légume. De plus, le jus d'ortie a la faculté de faire cailler le lait et peut aussi servir de teinture ; la racine contient également un colorant jaune. Les propriétés médicinales de l'ortie sont nombreuses : elle est astringente, tonique, diurétique, etc. ; c'est vraiment une plante « miracle » à protéger. Les tiges contiennent des fibres qui ont servi à fabriquer des toiles et du papier.

Culture

Il n'est point besoin de cultiver l'ortie ; il suffit de la protéger dans les endroits où elle ne gêne pas, car elle s'accommode des terrains les plus pauvres. Coupez ses tiges souterraines pour l'empêcher de gagner du terrain, et taillez-la régulièrement pour avoir toujours de jeunes pousses.

Récolte et conservation

Les jeunes pousses se récoltent au printemps et presque toute l'année si on prend la précaution de les couper régulièrement et de maintenir en permanence la terre fraîche.

Utilisation

On consomme les jeunes pousses dans les soupes, comme les épinards, en purée ou en mousse, en beignets, en accompagnement de poissons, etc.
On peut aussi les utiliser pour fabriquer des purins qui serviront de traitement insecticide (pucerons) et d'engrais au jardin, ou les mettre sur le tas de compost en guise d'activateur.

Les conseils du jardinier

Il faut savoir contenir l'ortie sans la détruire.

Soupe à l'ortie

PRÉPARATION : 20 min

CUISSON : 30 min

INGREDIENTS (6 personnes)

300 g de pousses d'orties fraîches, 600 g de pommes de terre, 250 g de crème fraîche épaisse, 60 g d'échalotes, croûtons, 20 g de beurre, sel, poivre

• Lavez les pousses d'orties et ciselez-en très fin un tiers. Épluchez les pommes de terre, émincez-les finement.

• Dans une casserole, faites suer les échalotes au beurre, puis ajoutez les pommes de terre et mouillez à l'eau ; salez, poivrez et faites cuire 20 min.
Ajoutez les orties non ciselées et poursuivez la cuisson 2 min.

• Faites frire quelques croûtons au beurre clarifié.

• Passez le potage au mixeur. Remettez dans la casserole et incorporez les orties ciselées. Laissez chauffer 30 secondes et mettez en soupière.

• Garnissez les assiettes de croûtons et d'une cuillère de crème fraîche et versez le potage très chaud dessus.

Recette de :
La Cognette
6, bd Stalingrad
36100 Issoudun

Panais 'Demi-long de Guernesey'

Pastinaca sativa (Linné) (famille des Apiacées)

Originaire d'Europe et d'Asie, le panais est une plante bisannuelle cultivée pour sa racine comestible. La variété 'Demi-long de Guernesey' était autrefois largement répandue en France. Sa racine est longue, renflée, avec de petits plis circulaires, presque lisse, de couleur blanche. Le collet est fin et s'insère en creux sur la racine. Il en part de grandes feuilles découpées et dentées, à longs pétioles embrassants violacés à la base. Le feuillage est peu abondant. La deuxième année, une tige creuse, légèrement cannelée, assez forte, atteignant jusqu'à 2 m de haut, se ramifie et porte des ombelles de fleurs jaunes ; celles-ci donneront de nombreuses graines aplaties et ailées dont la durée germinative n'est que de 2 ans.

Culture

Semez en place de mars à fin mai sur des lignes espacées de 30 à 40 cm, si possible en lune descendante, à bonne exposition, en sol profond, frais et riche en humus. Le semis en poquets s'effectue dans un sillon de 3 cm de profondeur, préalablement arrosé au goulot ; mettez 3 ou 4 graines tous les 10 à 15 cm, recouvrez d'environ 1 cm de terre et plombez avec le dos du râteau. Lorsque les plants ont de 3 à 5 feuilles, par temps frais ou après un bon arrosage, arrachez-les pour ne laisser qu'un pied par poquet. Binez, buttez légèrement et arrosez assez copieusement, entre les rangs, pendant l'été.

Récolte et conservation

Les récoltes peuvent commencer 5 mois environ après le semis. Récoltez selon les besoins jusqu'à fin novembre. À ce moment, vous pouvez arracher et rentrer les racines ressuyées en cave, ou bien effectuer un paillage de manière à continuer les récoltes de panais jusqu'en février.

Utilisation

Les panais se consomment crus, râpés, en vinaigrette, seuls ou en mélange avec d'autres crudités ; ou cuits, dans des soupes, des pot-au-feu, sautés, à la crème, en ragoûts, en chips, en purée, etc. On peut les mettre en lacto-fermentation ou en pickles avec d'autres légumes en dés et les consommer en accompagnement de viandes.

Les conseils du jardinier

Pour l'arrachage, il est préférable d'utiliser une fourche-bêche à longues dents afin de ne pas couper les racines qui sont souvent très longues.

Chips de panais

PRÉPARATION : 10 min

CUISSON : 20 min

INGRÉDIENTS (4 personnes)

800 g de panais, sel fin, huile de friture

• Lavez, pelez les panais et coupez-les en rondelles fines. Faites chauffer l'huile dans une friteuse.

• Lorsqu'elle est à température, plongez-y les rondelles de panais pendant 5 min.

• Égouttez et renouvelez l'opération jusqu'à ce que les chips soient dorés et croustillants. Procédez en 2 fois.

• Salez légèrement et servez tiède à l'apéritif ou comme garniture pour une viande froide, par exemple.

Pâtisson blanc

Cucurbita pepo (Linné) (famille des Cucurbitacées)

Aussi appelée « bonnet de prêtre », « bonnet d'électeur » ou « artichaut de Jérusalem », cette variété non coureuse était déjà cultivée au XIXe siècle. Ses tiges courtes sont plus ou moins dressées. Les feuilles, vertes, assez grandes, découpées en 5 lobes peu marqués, s'érigent en touffe à l'extrémité de longs pétioles. Les fruits, d'un blanc laiteux, ont la forme d'une soucoupe plus ou moins renflée ; leur contour médian est arrondi en 10 festons. Ils peuvent atteindre 25 cm de diamètre et peser jusqu'à 3 kg ; leur peau est lisse, dure à maturité. La chair, épaisse, de couleur blanche, est ferme, d'abord peu sucrée puis davantage après quelque temps de conservation. Les jeunes fruits ont un léger goût de fond d'artichaut. Cette variété peut produire de nombreux fruits, surtout quand ils sont récoltés très jeunes (5 à 10 cm de diamètre). Les fruits mûrs se conservent plusieurs mois ; exceptionnellement, ils peuvent sécher.

Culture

Après le 10 avril, semez 2 ou 3 graines dans des godets de 9 remplis d'un mélange de terre de jardin (1/3), de terreau (1/3) et de sable (1/3) ; recouvrez les graines de 1 cm du même mélange, exposez à la lumière du jour et à une température d'au moins 20 °C. Maintenez une humidité suffisante. La levée demande entre 5 et 10 jours. Ne conservez alors que 1 ou 2 plants dans chaque godet. Continuez les arrosages nécessaires, mais sans excès, jusqu'à la plantation. Mettez en place lorsque les gelées ne sont plus à craindre, à partir du 15 mai, à une exposition ensoleillée (vous pouvez tenter de repiquer quelques pieds, en les abritant, dès le début mai). Arrosez pendant la période estivale.
Le semis en pleine terre ou la plantation s'effectuent dans des poquets espacés de 1 à 1,50 m en tous sens et préparés 8 à 15 jours plus tôt avec un demi-seau de compost. Couvrez les graines de 1 à 2 cm de terreau et de sable, ou tassez le plant pour favoriser la reprise tout en conservant une cuvette pour faciliter l'arrosage au pied. Une couverture du sol à base de paillettes de lin, de paille, éventuellement de tontes de gazon, maintiendra la fraîcheur ; posez-la lorsque les plants atteignent environ 30 cm.

Récolte et conservation

Les jeunes pâtissons doivent être consommés rapidement ; ils peuvent se conserver de 3 à 7 jours selon leur taille, mais ils sont toujours meilleurs le jour même ou le lendemain.
La récolte des fruits mûrs se fait juste avant les gelées (en septembre et octobre), par temps sec. Ils se conservent plusieurs mois à la chaleur et à la lumière du jour.

Utilisation

Les très jeunes fruits sont excellents confits dans le vinaigre, cuits, apprêtés de diverses façons : au jus, farcis, à la crème, frits, etc.
Cueillis à mi-maturité (de 10 à 15 cm mais à peau tendre encore), les fruits s'utilisent cuits : sautés, frits, farcis, au jus de viande, froid à la vinaigrette.
Les fruits mûrs sont généralement destinés à la décoration (leur chair est plus spongieuse).

Les conseils du jardinier

Pour une récolte prolongée de fruits jeunes, effectuez des semis décalés (du 1er avril au 15 août), en fonction du climat de votre région.

Pépino ou poire-melon

Solanum muricatum (Aiton) (famille des Solanacées)

Originaire de la cordillère des Andes, de la Bolivie à la Colombie, le pépino, ou poire-melon, est arrivé en France à la fin du XIXe siècle. C'est une plante vivace mais non rustique, à tiges ramifiées, ligneuses, de couleur vert foncé, noirâtres par endroits, développant parfois des amorces de racines au niveau des nœuds. Les feuilles lancéolées, longues de 7 à 14 cm, sont portées par un pétiole d'environ 4 à 8 cm. Les fleurs, de 2 à 3 cm de diamètre, sont violet foncé. Les fruits, plus ou moins gros, en groupes de 1 à 6, ovoïdes, sphériques ou cordiformes, vont du jaune-vert uni au jaune citron et à l'orange clair, plus ou moins rayés de violet à maturité ; ils peuvent peser plus de 500 g. La chair jaune, sucrée, présente un goût mêlé de poire et de melon musqué plus ou moins prononcé selon la variété et la région. Elle renferme des graines peu nombreuses, petites (1 mm de diamètre), brunes, rondes, dont la durée germinative est d'environ 4 ou 5 ans.

Culture

On multiplie le pépino par semis ou par bouturage. À partir de début février, semez en caissette de polystyrène ou en godets remplis d'un mélange de terreau et de terre de jardin ; recouvrez les graines de 2 à 3 mm de ce mélange, arrosez et gardez au chaud (22 °C) et à la lumière. Arrosez avec parcimonie pour éviter la fonte des semis et, dès l'apparition de la première feuille, repiquez individuellement les plants dans des godets de 9 remplis du même mélange. Arrosez peu mais régulièrement jusqu'à la plantation en plus grand pot puis en pleine terre à partir du 15 mai.

Vous pouvez aussi, à partir du mois d'août, prélever des gourmands de 10 à 12 cm et enlever les feuilles sur 5 à 7 cm avant de les mettre en pleine terre ou en godets. Arrosez avec beaucoup d'attention puis rentrez-les à l'abri des gelées, à la lumière, dans une véranda. À l'intérieur, des traitement à la roténone seront nécessaires pour combattre aleurodes, cochenilles et pucerons.

La plantation s'effectue à intervalles de 50 à 70 cm en tous sens, à exposition ensoleillée ; installez des tuteurs, attachez et supprimez régulièrement les gourmands. On pratique en général une taille à 1 ou 2 tiges comme pour la tomate. Une fois en place à l'extérieur, la plante peut se passer de traitement.

Récolte et conservation

On récolte les fruits mûrs selon les besoins. En fin de saison, il est possible de cueillir ceux qui ont atteint un complet développement et de les laisser mûrir à l'intérieur. Vous pourrez les conserver plusieurs semaines à condition de ne pas les cogner.

Utilisation

Les pépinos se consomment crus, épluchés, coupés, légèrement sucrés, arrosés de rhum blanc et passés au réfrigérateur, ou cuits, sautés à la poêle en accompagnement de poisson, en sorbet ou en confiture.

Les conseils du jardinier

- *Surveillez les doryphores qui s'attaquent en priorité aux fleurs.*
- *En cas de culture à l'intérieur, secouez les pieds afin d'obtenir une meilleure pollinisation.*

Pérille verte

Perilla frutescens (Linné) (famille des Lamiacées)

Originaire du Sud-Est asiatique, cette plante introduite en Europe en 1770 a surtout été utilisée à des fins décoratives. Ses tiges dressées et ramifiées, à section carrée, velues, s'élèvent jusqu'à une hauteur de 1 m. Les feuilles opposées, ovales-larges, pointues, à bord denté ondulant, de couleur verte, présentent un limbe finement nervuré et cloqué dégageant un parfum de punaise et de cumin mêlés (on adore ou on déteste, mais on ne reste jamais indifférent). Les petites fleurs blanches, d'environ 3 mm de long, se forment en épis au sommet des tiges, comme celles du basilic. Les graines, brunes, sphériques, ont un diamètre de 1 mm et une durée germinative de 7 ans environ. Cette plante aurait des vertus médicinales ; elle servirait entre autres de désinfectant pour le poisson cru et entre dans la composition de plats japonais et chinois.

Culture

À partir de mars-avril, semez dans des bacs à l'intérieur, à la lumière du jour ; recouvrez de 2 à 4 mm de terre fine, tassez légèrement et arrosez. La levée demande de 5 à 10 jours ; lorsque les plantules ont 2 feuilles, repiquez-les dans des godets de 7 ou de 9 remplis d'un mélange de terreau et de terre de jardin et gardez-les à l'intérieur jusqu'à ce qu'elles mesurent 15 à 20 cm. Mettez-les alors en place lorsque tout risque de gelée est écarté (autour du 15 mai), espacées de 40 cm en tous sens, à exposition ensoleillée et dans un sol riche en humus. Lorsque la reprise sera effective, vous pourrez étaler un peu de sang séché autour de chaque pied et arroser au goulot.
Évitez d'arroser sur les feuilles en période froide car cette plante prend facilement la pourriture (les tiges deviennent noires et les feuilles fanent). Vous pouvez effectuer des semis décalés pour échelonner les récoltes de feuilles fraîches et tendres.

Récolte et conservation

On récolte les feuilles tendres, les jeunes pousses et les fleurs au fur et à mesure des besoins. Elles se conservent au frais, dans une boîte hermétique, pendant 3 à 5 jours.

Utilisation

La pérille verte s'emploie crue, ciselée, dans les salades, les crudités, les poissons, le riz, etc.
On peut aussi l'utiliser pour parfumer les potages et même le pain qui sera servi avec du poisson.

Les conseils du jardinier

La pérille rouge, utilisée pour parfumer et colorer les nems, est aussi très décorative dans les parterres.

Persil à grosse racine ou persil-racine

Petroselinum sativum (Hoffman) var. *tuberosum* (famille des Apiacées)

Originaire du sud de l'Europe, cette plante bisannuelle est sans doute présente en France depuis le début du XVIIe siècle. On la cultive pour sa racine, mais son feuillage est également comestible. La première année, les feuilles plates, très divisées, vert foncé, forment une rosette plus ou moins étalée de 20 à 40 cm de haut. La racine, de couleur blanc sale, conique, mesure de 12 à 20 cm de long pour un diamètre de 4 à 6 cm dans sa partie la plus renflée. La chair ferme, blanche, a un goût de céleri-rave et de carotte mêlés. La deuxième année, dès le printemps une tige florale dressée et ramifiée s'élève jusqu'à 90 cm de haut ; les petites fleurs sont blanc jaunâtre. Les graines, grisâtres mesurent entre 2 et 3 mm et conservent leurs capacités germinatives pendant 2 ou 3 ans.

Culture

Semez en place de mars à mai sur des lignes espacées de 30 à 40 cm, si possible en lune descendante, à bonne exposition, en sol profond, frais et riche en humus. Semez clair dans un sillon de 3 cm de profondeur préalablement arrosé au goulot, recouvrez d'environ 5 mm de terre fine et plombez fortement avec le dos du râteau. Maintenez le sol frais jusqu'à la levée qui est parfois longue (1 mois) ; pour réduire ce temps, vous pouvez faire tremper les graines la veille ou encore les mettre 1 semaine dans le congélateur ou dans le compartiment à glaçons du réfrigérateur.

Éclaircissez quand les plants ont 3 à 5 feuilles, par temps frais ou après un arrosage, en ne laissant qu'un pied tous les 10 à 15 cm. Binez, buttez légèrement et arrosez entre les rangs ; pendant l'été, paillez en cas de sécheresse. Cette plante ne nécessite aucun traitement particulier ; vous pouvez la mener en culture associée pour éloigner la mouche de la carotte qui ralentit sa croissance.

Récolte et conservation

Les feuilles se récoltent et s'utilisent comme celles du persil plat, au fur et à mesure des besoins.

La récolte des racines peut commencer 5 ou 6 mois après le semis, à partir de septembre et jusqu'aux gelées, selon les besoins. Elles se conservent 1 semaine au frais, en cave. Vers fin novembre, récoltez toutes les plantes restantes, coupez le feuillage au ras du collet, laissez les racines étalées quelques jours à l'abri puis rangez-les en cave dans un bac, dans du sable sec. Vous pouvez aussi effectuer un paillage pour continuer les récoltes jusqu'en mars.

Utilisation

Les feuilles s'emploient comme celles des autres persils. Les racines se consomment crues, râpées, en vinaigrette, seules ou avec d'autres crudités, ou cuites, dans des soupes, des pot-au-feu, sautées, à la crème, en ragoûts, en chips, en purée… Coupées en dés et lacto-fermentées ou en pickles, elles accompagnent les viandes froides.

Les conseils du jardinier

Vous pouvez aussi couper les racines en rondelles que vous ferez sécher à l'ombre ou au dessiccateur avant de les placer dans des récipients hermétiques.

Persil-racine aux deux cuissons

Préparation : 30 min

Cuisson : 25 min

Ingrédients (4 personnes)

1,5 kg de persil-racine, 2 ou 3 cuillères de crème fraîche, sel, poivre, 1 cuillère à soupe de miel, 2 cuillères à soupe de sucre en poudre, 1/2 verre d'eau, 1 citron, 1 noix de beurre

• Lavez les racines et les feuilles de persil.
Grattez les racines et mettez-les au fur et à mesure dans de l'eau citronnée ; lavez-les et réservez-en 16 petites.

• Faites cuire les grosses racines à l'eau bouillante salée pendant 10 min. Réduisez en purée et liez avec la crème fraîche ; poivrez, salez si nécessaire.

• Façonnez 4 petits « fromages » de purée de persil (à l'aide d'un ramequin passé à l'eau froide) que vous décorerez avec quelques feuilles de persil. Réservez au chaud.

• Faites sauter les 16 petites racines réservées dans une poêle beurrée, ajoutez l'eau, laissez cuire 10 à 15 min. Saupoudrez de sucre, ajoutez le miel et parsemez de feuilles de persil finement ciselées. Réservez au chaud.

• Servez à l'assiette : placez un petit « fromage » au milieu, ajoutez 4 petites racines glacées au miel autour et arrosez d'un peu de jus de cuisson.

Piment d'Espelette

Capsicum annuum (Linné) (famille des Solanacées)

Originaire du Mexique et d'Amérique centrale, ce piment serait arrivé en France, au Pays basque, au XVIe siècle, mais ce n'est qu'à la fin du XIXe qu'il en est fait mention dans des recettes. La tradition de culture, de transformation et d'utilisation de ce piment s'est poursuivie dans la région d'Espelette jusqu'à nos jours et il bénéficie d'une AOC depuis décembre 1999. C'est une plante condimentaire herbacée, annuelle sous nos climats, à port buissonnant, qui atteint une hauteur de 60 cm. Les feuilles oblongues, pointues, sont longuement pétiolées et alternes. Les fleurs blanches, à étamines violettes, sont solitaires ou réunies par 2 ou 3. Les fruits, pendants, longs de 9 à 15 cm, sont coniques, lisses et droits, d'une belle couleur brillante rouge vermillon à rouge foncé. La chair assez épaisse est fruitée et colorante. Ce sont surtout les graines qui donnent le piquant ; leur durée germinative est de 3 ou 4 ans.

Culture

À partir de début mars, semez en caissette ou en godets remplis d'un mélange de terreau (2/3) et de sable (1/3), recouvrez les graines de 1 à 3 mm, arrosez sans excès et gardez au chaud (20 à 26 °C) et à la lumière. Après la levée, qui demande de 1 à 2 semaines, continuez les arrosages limités au strict nécessaire. À l'apparition de la première feuille, repiquez individuellement les plants dans des godets de 9 remplis du même mélange et continuez les arrosages jusqu'à la plantation en pleine terre, à partir du 15 mai.
La plantation s'effectue tous les 50 à 60 cm en tous sens, à exposition ensoleillée. Au préalable, installez des tuteurs et faites un apport de fumier bien décomposé ; par la suite, attachez les plantes et supprimez quelques gourmands, au moins à la base (les pieds seront plus vigoureux). Il est intéressant de réaliser une couverture du sol avec une toile de paillage perforée tous les 50 cm en double rang : celle-ci permet d'espacer les arrosages, d'arrêter l'herbe, de concentrer la chaleur et donc de raccourcir le temps de production.

Récolte et conservation

On récolte les fruits lorsqu'ils sont à moitié rouges au fur et à mesure de leur développement, et ce sur une dizaine de semaines. Les piments sains peuvent se conserver 8 jours environ au frais. On peut aussi en faire des guirlandes et les faire sécher à l'extérieur ou à l'intérieur pendant 2 à 3 mois ; on les réduit alors en poudre pour les utiliser pendant l'année.

Utilisation

Les piments peuvent être transformés en coulis ou en purée, ou être mis dans le vinaigre et utilisés pour des sauces, des assaisonnements ou en accompagnement de viandes froides ou de charcuteries (pour ceux qui recherchent un peu de piquant). Ils relèvent les préparations de poissons ou de cochonnaille et sont indispensable dans la garbure…

Les conseils du jardinier

Pour plus de renseignements concernant le piment d'Espelette vous pouvez consulter :
Syndicat du piment d'Espelette - Mairie
64250 Espelette

Piperade au jambon de Bayonne

PRÉPARATION : 15 min

CUISSON : 40 min

INGRÉDIENTS
(4 personnes)

1 kg de tomates, 250 g d'oignons, 200 g de piments verts, 1 gousse d'ail, 4 tranches de jambon de Bayonne, 6 œufs, poudre de piment d'Espelette, huile d'olive, sel, poivre

• Ébouillantez et pelez les tomates. Coupez-les en 2 et épépinez-les. Taillez chaque moitié en 4.
Pelez les oignons et coupez-les en cubes de 1 cm de côté. Taillez les piments verts en 2 sur la longueur, épépinez-les et coupez-les en tronçons de 2 cm de long. Pelez et écrasez la gousse d'ail.

• Dans une sauteuse, faites revenir l'oignon et l'ail dans une cuillerée à soupe d'huile d'olive. Baissez le feu et laissez alors mijoter.
Après 10 min de cuisson, ajoutez les piments et la tomate et laissez cuire 25 min.

• Au dernier moment, cassez les œufs et ajoutez-les dans la sauteuse. Laissez cuire à feu doux comme pour des œufs brouillés. Lorsque la piperade est cuite, assaisonnez avec la poudre de piment d'Espelette, du sel et du poivre.

• Poêlez rapidement les tranches de jambon.

• Faites glisser la piperade dans votre plat et ajoutez dessus les tranches de jambon.
Servez chaud.

Petite pimprenelle

Poterium sanguisorba (Linné), *Sanguisorba minor* (Scopoli) (famille des Rosacées)

Originaire d'Asie et d'Europe centrale et méridionale, cette plante herbacée vivace et rustique est spontanée en France. Elle était couramment cultivée dans les jardins du Moyen Âge et appréciée pour ses vertus médicinales. C'est une plante en touffe étalée, haute de 40 cm environ, à souche ligneuse et racine pivotante. Les feuilles radicales (qui partent de la racine) sont composées d'un nombre impair de folioles (7 à 25) ovales-arrondies, à bords très dentés, souvent alternes à la base puis opposées, vert foncé dessus et gris-vert dessous ; elles ont un goût de concombre et renferment de la vitamine C et une huile essentielle. Les tiges florales, ramifiées, anguleuses, pourprées, s'élèvent jusqu'à 60 cm ; elles sont terminées par des épis de fleurs globuleux, verts à rouge-brun, femelles au sommet, mâles ou hermaphrodites à la base. Les graines en carpelle ont une durée germinative de 4 ans environ.

Culture

Semez en place en pleine terre, en avril-mai ou du 15 août au 15 septembre, dans un sol bien drainé et sec, quelle que soit l'exposition : la petite pimprenelle accepte aussi bien le soleil que l'ombre ou la mi-ombre. Le semis s'effectue en lignes espacées de 40 cm et la levée demande de 1 semaine à 10 jours. Lorsque les plantes ont 4 ou 5 feuilles, éclaircissez à 15 ou 20 cm. Entretenez par des sarclages et binages ; les arrosages ne sont pas nécessaires, mais vous pouvez en revanche effectuer une légère couverture du sol avec de la paille.
C'est une plante de culture très facile : elle n'est pas sensible aux maladies ou prédateurs et ne nécessite pas de soins particuliers.

Récolte et conservation

Les feuilles tendres et fraîches se récoltent au fur et à mesure des besoins ; elles peuvent se conserver au frais 2 ou 3 jours.

Vous pouvez aussi les faire sécher pour une utilisation ultérieure (lorsque les feuilles fraîches viennent à manquer ou pendant les périodes enneigées). Renouvelez ces feuilles séchées tous les ans et conservez-les dans une boîte hermétique ou dans des sachets en papier.

Utilisation

Les feuilles fraîches s'utilisent dans les salades, les crudités, les mayonnaises, les omelettes, les sauces, les fromages frais, les potages, les marinades, les vinaigres... On peut en faire des sorbets ou les laisser macérer dans du vin.
Sèches, elles sont employées en tisanes ou pour parfumer l'eau de cuisson du boudin noir.

Les conseils du jardinier

Coupez régulièrement les feuilles, à raison de 1/4 à 1/5 du rang tous les mois, en décalant les coupes d'une semaine, pour disposer de feuilles tendres et fraîches pratiquement toute l'année.

Sorbet à la pimprenelle

PRÉPARATION : 25 min

SORBETIÈRE : 35 min

INGRÉDIENTS
(pour 1/2 litre)

1 grosse poignée de pimprenelle, 1 l d'eau de source, 2 citrons non traités, 600 g de sucre, 1 œuf, liqueur de verveine

• Lavez la pimprenelle et faites-la macérer 12 h au frais dans l'eau avec un citron coupé en rondelles fines.

• Filtrez la macération, puis versez-la dans une casserole, ajoutez le sucre et mélangez. Faites fondre le sucre en tournant, puis laissez bouillir jusqu'à réduction de moitié. Laissez refroidir.

• Battez un blanc d'œuf en neige ferme (réservez le jaune pour une autre recette). Dans un saladier, versez le sirop de pimprenelle, le jus du deuxième citron, mélangez en incorporant le blanc d'œuf. Versez dans la sorbetière et faites prendre environ 35 min.

• Mettez les coupes au congélateur ou dans le compartiment à glaçons du réfrigérateur pendant environ 2 h. Au moment de servir, verser un peu de liqueur de verveine au fond des coupes. Moulez le sorbet, disposez-le dans les coupes et décorez de feuilles de pimprenelle.

Plantain corne de cerf

Plantago coronopus (Linné) (famille des Plantaginacées)

Originaire d'Europe et d'Asie, ce plantain est indigène en France, très commun dans le Midi et présent dans de nombreuses régions. Autrefois cultivé pour ses feuilles qui servaient à confectionner des salades, il a été presque totalement abandonné, mais refait son apparition depuis quelques années auprès de spécialistes de la grande restauration et d'amateurs éclairés. Cette plante annuelle ou bisannuelle supporte le froid, adore les terrains sablonneux et possède des propriétés cicatrisantes, adoucissantes, reconstituantes et dépuratives. Elle se présente en rosette semi-étalée de 10 à 40 cm. Les feuilles étroites, longues et charnues, profondément divisées en dents ou lobes longs, aigus et irréguliers, rappelant un peu les bois du cerf, sont de couleur vert clair et plus ou moins poilues (surtout à la base). Les épis de petites fleurs jaunes, cylindriques ou ovales-allongés, se dressent au-dessus des feuilles. La racine est longue et un peu ligneuse. Les graines, enfermées dans de petites capsules, sont très petites, planes et de couleur beige foncé à marron ; leur durée germinative est d'environ 3 ans.

Culture

Semez en place en pleine terre, à partir du début mars jusqu'en mai ou en septembre, dans un sol sablonneux frais et riche en humus ; l'exposition importe peu, la plante s'accommodant de l'ombre comme du soleil. Le semis s'effectue en lignes espacées de 30 cm, la levée est assez rapide. Lorsque les pieds ont de 3 à 5 feuilles, éclaircissez à 15 ou 20 cm. Entretenez par des sarclages et binages ; des arrosages répétés sont nécessaires pour l'obtention de feuilles tendres et pour assurer des récoltes successives (vous pouvez effectuer une couverture du sol avec de la paille).

Récolte et conservation

On commence à couper les feuilles après 3 mois de culture, selon les besoins, et cela tant que les feuilles sont tendres et charnues ; celles-ci peuvent se conserver 2 ou 3 jours au frais.

Utilisation

Riches en vitamines et sels minéraux, les feuilles se consomment crues en salade.

Les conseils du jardinier

Après une piqûre d'abeille ou de guêpe, ôtez le dard s'il est resté et frottez l'endroit sensible avec des feuilles de plantain.

Poireau perpétuel

Allium porrum (Linné) (famille des Alliacées)

Probablement originaire d'Europe méridionale, le poireau perpétuel était connu et utilisé par les Romains. Si les variétés plus modernes l'ont un peu fait oublier, il n'en demeure pas moins intéressant car il semble plus résistant au ver du poireau et sa montaison est plus tardive. C'est une plante potagère herbacée, bisannuelle, de 20 à 40 cm de haut. Les feuilles épaisses, de couleur vert grisâtre, pointues au sommet, ne sont pas très longues et s'enroulent à la base pour former un fût court, souvent renflé à la base (surtout en fin de saison). La deuxième année, au mois de mai, des tiges florales apparaissent au-dessus du feuillage et peuvent ainsi donner des graines, mais on les enlève généralement pour privilégier la formation de caïeux. Ces derniers se forment en mai et juin ; récoltés en juillet, ils peuvent se conserver secs pendant 3 mois environ.

Culture

On peut reproduire ce poireau comme les autres variétés, à partir des graines, mais cela est plus long. En général, on plante les caïeux entre le 14 juillet et le 15 août, à intervalles de 15 cm, sur des rangs espacés de 30 cm, entre 5 et 10 cm de profondeur, la pointe vers le haut. La plante aime les sols profonds et un apport assez important d'azote sous forme de fumier bien décomposé (juste avant la plantation et fin septembre) ou de corne broyée torréfiée (en une seule fois avant la plantation). Binez, sarclez, buttez légèrement et arrosez quand cela est nécessaire.

Vous pouvez aussi laisser des pieds en place plusieurs années ; ceux-ci formeront des touffes que vous couperez selon vos besoins.

Ce poireau est très rustique et ne demande aucun traitement particulier.

Récolte et conservation

On récolte ces poireaux un peu plus tard que les autres variétés pour une utilisation selon les besoins. On peut aussi couper les feuilles au fur et à mesure (celles-ci repoussent et pourront être recoupées plusieurs fois).

Utilisation

Riches en sels minéraux et en vitamines, les poireaux perpétuels s'utilisent cuits, en vinaigrette, dans les potages, au gratin, en tarte, à la béchamel, braisés, dans les pot-au-feu, en purée…

Les conseils du jardinier

Pensez à conserver le nombre de pieds nécessaires pour la reproduction, en gardant à l'esprit qu'un poireau donne 7 ou 8 caïeux.

Poirée à cardes rouges

Beta vulgaris (Linné) ssp. *cicla* (Moquin Tendon) (famille des Chénopodiacées)

Originaire d'Europe, la poirée (ou blette, ou bette) était connue et utilisée par les Grecs et les Romains, mais en France, elle ne prit un développement important qu'au Moyen Âge ; Charlemagne en préconisait la culture. Cette variété, aussi appelée « poirée à cardes du Chili », aurait été introduite au début du XIXe siècle, peut-être plus tôt. Ses grandes feuilles dressées au centre mais retombantes sur le pourtour partent du collet en rosette ; portées par un long pétiole, large, raide et épais d'une belle couleur rouge vif, elles présentent un limbe ondulé et cloqué de couleur vert foncé brillant avec des nervures secondaires rouge vif. C'est une plante bisannuelle : les tiges florales cannelées et ramifiées s'élèvent couramment entre 1 et 1,50 m ; les fleurs hermaphrodites, verdâtres, groupées en épis, donnent des graines réunies en glomérules, comme celles de la betterave, et dont la durée germinative est d'environ 5 ans.

Culture

Les semis, en place, s'effectuent du 15 avril au 15 mai, sur des lignes espacées de 60 cm ; placez 2 ou 3 graines tous les 30 cm, recouvrez d'un peu de terre fine et plombez légèrement avec le dos du râteau. Lorsque les plantes ont 4 ou 5 feuilles, éclaircissez en laissant 1 pied par poquet ; les plants arrachés peuvent être repiqués pour combler les manques. Arrosez après l'éclaircissage et le repiquage. Les blettes aiment les sols frais et assez profonds, enrichis de compost bien mûr au printemps.
Dès que les plants mesurent 20 à 30 cm, vous pouvez butter légèrement ; cela gardera un peu plus de fraîcheur aux plantes pendant la saison chaude et permettra un paillage et des arrosages entre les lignes. Continuez les binages, les sarclages et les arrosages pendant la période estivale surtout (les côtes seront plus développées et plus tendres).

Récolte et conservation

Les récoltes peuvent commencer après environ 3 mois : on arrache les feuilles du pourtour une par une et selon les besoins. Elles se conservent quelques jours mais sont bien meilleures consommées le jour même.
La plante étant assez rustique, la récolte peut s'étaler jusqu'en novembre.

Utilisation

On emploie le limbe des feuilles cru en salades ou cuit comme les épinards.
Les côtes, plus fruitées et plus sucrées que celles des autres poirées, se mangent cuites à la crème, au jus, au gratin, dans les légumes pour couscous, en tartes salées, etc.

Les conseils du jardinier

Les poirées sont gourmandes en matières organiques, aussi pensez à bien les nourrir pour obtenir de belles feuilles aux côtes larges et pratiquez une rotation sur 4 ans.

Tarte aux poirées à cardes rouges

PRÉPARATION : 30 min

CUISSON : 45 min

INGRÉDIENTS
(6 à 8 personnes)

1,5 kg de poirée à cardes rouges, 1 pâte brisée pur beurre du commerce, 50 g de farine, 2 œufs entiers + 1 jaune, 20 cl de crème fraîche liquide, 1 pincée de sel de céleri, gros sel, poivre

• Sortez la pâte du réfrigérateur 20 min avant utilisation.
Lavez, coupez les feuilles de poirée ; épluchez les cardes et coupez-les en bâtonnets de 4 cm de long.
Faites cuire les cardes 10 min à l'eau bouillante salée, égouttez, rincez à l'eau fraîche.
Préchauffez le four, thermostat 7.

• Dans une tourtière de 24 cm, déroulez la pâte avec la feuille de cuisson et piquez-la légèrement avec une fourchette.
Mettez sur la pâte un papier sulfurisé, garnissez-le de légumes secs et faites cuire à blanc 10 min.

• Mélangez les œufs entiers et la farine, mouillez avec la crème liquide, battez énergiquement afin d'obtenir une pâte homogène, salez et poivrez.

• Enlevez le papier et les légumes secs, puis garnissez le fond de la tarte avec les bâtonnets de cardes et versez dessus le mélange à l'œuf.
Dorez le bord au jaune d'œuf battu et enfournez, thermostat 7, pendant 25 min.
Servez tiède, accompagné des feuilles de poirée en salade.

Les poivrons

Piment 'Doux long des Landes'

Capsicum annuum (Linné) (famille des Solanacées)

Cette variété de piment doux (autrement dit de poivron) est cultivée traditionnellement depuis de nombreuses années dans le Sud-Ouest, mais aussi dans toute la France. C'est une plante potagère et condimentaire annuelle à tiges ramifiées, en partie ligneuses. Les feuilles simples, oblongues-pointues, longuement pétiolées, à port retombant, sont d'un vert assez foncé. Les fleurs hermaphrodites sont réunies par 1 à 3 à l'aisselle des feuilles. Les fruits, à pédoncule long et recourbé, mesurent jusqu'à près de 20 cm de long pour un diamètre de 3 cm ; d'abord de couleur verte, ils deviennent rouge vif à maturité. Leur chair fine est très parfumée. C'est une variété hâtive, mais avec production étalée. La durée germinative des graines est de 3 ans.

Poivron 'Corne de toro'

Capsicum annuum (Linné) (famille des Solanacées)

Cette variété italienne est cultivée couramment depuis plusieurs années en France. Elle forme une plante buissonnante, à grosses tiges ramifiées et grandes feuilles ovales-pointues, pouvant atteindre une hauteur de 80 cm. Les fleurs, à pédicelle court et arqué, sont solitaires ou groupées par 2 ou 3 et naissent à l'aisselle des feuilles, à la « bifurcation » des tiges. Les fruits, d'abord verts puis rouges ou jaunes (il existe 2 variétés), à pédoncule recourbé et trapu, sont coniques-allongés ; ils atteignent 18 à 20 cm de long pour 5 à 6 cm de diamètre. Très précoces et productifs, ils présentent une chair douce et parfumée, et sont riches en vitamines et sels minéraux. La durée germinative des graines est de 3 ans.

Cueillez les poivrons en coupant le pédoncule avec un sécateur.

Culture

À partir de début mars, semez en caissette ou en godets remplis d'un mélange de terreau et de sable ; recouvrez les graines de 1 à 3 mm, arrosez sans excès, gardez au chaud (à plus de 18 °C) et à la lumière du jour. La levée demande une dizaine de jours. Repiquez les plantes dès l'apparition de la première feuille dans des godets de 9 remplis du même mélange et assurez des arrosages réguliers.
Lorsque les pieds mesurent de 15 à 25 cm, et lorsque les gelées ne sont plus à craindre, plantez, en pleine terre, à intervalles de 50 à 60 cm en tous sens, à exposition ensoleillée, dans une terre pierreuse, profonde, ayant reçu un apport de fumier bien mûr. Par la suite, tuteurez, attachez les plants et supprimez les premiers gourmands. Effectuez un paillage ou une couverture de sol avec une toile de paillage perforée tous les 50 cm en quinconce.
Pour pousser, le poivron a besoin d'une température minimale de 5 °C et, à partir de 35 °C, les fleurs « coulent » ; la température idéale est de 20 à 25 °C le jour (14 à 20 °C la nuit). Il n'y a pas de traitements particuliers à effectuer.

Récolte et conservation

On récolte les fruits verts, quand ils ont atteint leur complet développement ou lorsqu'ils commencent à tourner, en coupant le pédoncule avec un sécateur. Bien qu'ils puissent se conserver au frais pendant 1 à 2 semaines, il faut toujours privilégier une consommation la plus proche possible de la cueillette.

Utilisation

Les fruits se consomment crus en vinaigrette, seuls ou avec d'autres crudités ; on peut les confire au vinaigre. Juste légèrement fondus, confits à l'huile d'olive, ils servent d'accompagnement aux viandes froides.
Cuits, ils sont préparés en ratatouille, frits, farcis, sautés, grillés, dans les sauces, les chutneys…

Les conseils du jardinier

Il y a toujours un rapport entre la surface des feuilles et la grosseur des fruits : plus les feuilles sont grandes et plus les fruits sont gros.

Poivrons à l'huile d'olive

Préparation : 30 min

Cuisson : 5 min

Ingrédients (4 pots de 240 g)

5 poivrons 'Corne de toro' jaunes, 5 poivrons 'Corne de toro' rouges, 4 ou 5 gousses d'ail, 4 ou 5 échalotes, sauge, thym, romarin, 2 citrons non traités, 10 grains de poivre, gros sel, 20 cl de vinaigre au sureau, 50 cl d'huile d'olive

• Lavez, essuyez et coupez les poivrons en fines lanières après avoir ôté les graines. Disposez ces lanières dans la lèchefrite du four, saupoudrez d'un peu de gros sel, arrosez d'un petit filet d'huile d'olive et faites fondre 5 min sous le gril du four.

• Pendant ce temps, écrasez les gousses d'ail épluchées, pelez et coupez les échalotes en rondelles, coupez les citrons en tranches, puis chaque tranche en 4.

• Dans un bocal, arrangez les lanières de poivrons en alternant les couleurs et en y mélangeant l'ail, l'échalote, les aromatiques, le poivre et les morceaux de citron.

• Mélangez vinaigre et huile d'olive, versez dans le bocal en recouvrant les ingrédients de 1 cm au moins. Fermez hermétiquement et conservez au frais.

Les pommes de terre

Pomme de terre 'Cornes de gâtes'

Solanum tuberosum (Linné) (famille des Solanacées)

C'est une pomme de terre que j'ai découverte dans les Ardennes belges et dont le goût marqué et la consistance s'associent très bien avec la raclette. On l'appelle encore « ratte rose ». Elle produit un feuillage assez fourni, avec des tiges fines. Les fleurs sont blanches, légèrement rosées. Les tubercules, atteignant 15 cm de long pour 2 à 4 cm de diamètre, présentent des yeux peu profonds. La peau, rose pâle, est fine, la chair ferme et de couleur jaune paille. Les germes, rose violacé, sont petits et coniques. Plantés précocement, les tubercules s'entourent de nombreuses excroissances ayant elles-mêmes la forme de tubercules. Cette variété a une bonne tenue à la cuisson, un rendement assez bon (cultivée tôt) et se conserve assez bien.

Pomme de terre 'Institut de Beauvais'

Solanum tuberosum (Linné) (famille des Solanacées)

Cette variété, inscrite au catalogue en 1935, a été obtenue et multipliée par l'Institut agricole de Beauvais, d'où son nom. Pendant un temps oubliée, elle revient sur nos tables depuis peu. C'est une plante à grosses tiges carrées, dressées, et feuillage assez important, de couleur vert clair. Les nombreuses fleurs blanches sont regroupées en bouquets. Les tubercules, de forme peu régulière, larges, aplatis, de couleur paille clair saumoné, présentent de nombreux yeux à demi enfoncés et pèsent jusqu'à 700 g. Les germes sont roses, la chair blanche et parfumée. C'est une semi-tardive, de bonne conservation, excellente pour les purées et les soupes ou potages. On l'a aussi appelée 'La Marseillaise'.

Pomme de terre 'Ratte'

Solanum tuberosum (Linné) (famille des Solanacées)

C'est une de mes pommes de terre préférées. Dans mon enfance, on la cultivait comme une hâtive pour la manger en « nouvelle », juste grattée et sautée. Inscrite au catalogue en 1935, cette variété à chair ferme semi-précoce a un développement moyen, un port mi-étalé et des feuilles vert clair mat divisées en petites folioles ovales. Les tubercules réniformes présentent une peau et une chair jaunes, des yeux superficiels et des germes violacés sans pilosité. Les fleurs sont roses et donnent de rares fructifications. Cette pomme de terre a une bonne tenue à la cuisson et se conserve assez bien, mais son rendement est peu élevé.

Pomme de terre 'Reine des sables'

Solanum tuberosum (Linné) (famille des Solanacées)

C'est la pomme de terre de mon enfance. Je me souviens que mes parents la cultivaient dans les années 40 ; elle était alors appréciée dans nos contrées montagneuses d'Auvergne. Nous l'utilisions aussi bien pour l'alimentation des cochons que pour nous. J'ai trouvé sa trace dans un catalogue de 1939 (Genest et Barges, à Lyon). Son origine est inconnue ; sélectionnée par Miss King et commercialisée par Sutton (Angleterre) en 1895, elle portait le nom de 'Flourball'. Elle s'est aussi appelée 'Colin des Vosges' et 'Fleur de pêcher'. La plante, d'assez grande taille, à port mi-dressé, produit de grosses tiges pigmentées portant des feuilles d'un vert grisâtre mat, longues et retombantes, et de nombreuses fleurs de grande taille, blanches, légèrement violacées. Les tubercules rose cuivré sont assez ronds et de bonne taille, avec des yeux marqués ; la chair est farineuse à la cuisson. Cette variété est peu sensible aux maladies et a un bon rendement.

'Reine des sables' à la diable

Préparation : 10 min

Cuisson : 40 min

Ingrédients (4 personnes)

8 pommes de terre 'Reine des sables' moyennes, 4 petites tranches de jambon cru, 350 g de fromage pour raclette, 50 g de beurre salé, romarin

- Lavez soigneusement les pommes de terre en les brossant.
Disposez-les dans un diable (plat avec couvercle) en terre cuite, ajoutez quelques brins de romarin, couvrez et faites cuire environ 30 min au four, thermostat 7.

- Sortez du four, coupez les pommes de terre en 2 ; intercalez entre les deux moitiés 1/2 tranche de jambon et une lamelle de fromage et maintenez éventuellement le tout avec une pique en bois.

- Repassez au four, 5 à 10 min, sans couvercle, pour faire fondre le fromage. Servez bien chaud, en ajoutant un petit morceau de beurre sur chaque pomme de terre.

Pomme de terre 'Vitelotte Noire'

Solanum tuberosum (Linné) (famille des Solanacées)

Redécouverte il y a quelques années seulement, cette variété figurait déjà au catalogue Vilmorin à la fin du siècle dernier. D'origine inconnue, elle est depuis peu réinscrite au catalogue. La plante a un port dressé, avec des tiges assez fortes, violacées, et des feuilles moyennes, peu découpées, vert foncé, frisées et réticulées (nervures et pétioles sont violets). Les fleurs sont blanches. Les tubercules cylindriques oblongs portent des yeux marqués sur toute leur surface et mesurent jusqu'à 12 cm de long pour un diamètre de 2 à 4 cm. Le germe est presque lisse et violacé. La peau est violette, tout comme la chair, qui garde sa couleur à la cuisson. C'est une tardive à rendement, conservation et qualité souvent inférieurs à la moyenne. On l'appelle aussi « pomme de terre noire » ou « négresse ».

Culture

En général, on plante les tubercules (mis à germer au préalable à la lumière du jour) à partir du 15 avril. La plantation s'effectue en ligne, dans des sillons profonds de 10 à 15 cm, à intervalles de 30 à 40 cm sur des rangs distants de 70 à 80 cm. Veillez à ne pas casser les germes lors de la plantation, cela retarderait le développement. Les gros tubercules peuvent être coupés en 2, voire 4 morceaux, à condition que chaque morceau comporte au moins un œil ; vous les roulerez dans la cendre de bois la veille de la plantation pour éviter le pourrissement.

La plantation s'effectue toujours en sol léger bien meuble et frais, mais sans excès d'humidité (particulièrement dans les terrains lourds). Faites un apport de potasse (les cendres de bois en contiennent) et utilisez des composts, mais pas de fumures fraîches. Lorsque les plants atteignent de 10 à 15 cm de haut, buttez-les. En cas de sécheresse, paillez entre les buttes ; n'arrosez que 2 ou 3 fois (entre les buttes) à 1 semaine d'intervalle à compter du début de la floraison. Vous pouvez planter jusqu'au 15 juin pour une conservation plus longue ; il faut compter de 4 à 5 mois de la plantation à la récolte. Faites un ou plusieurs traitements préventifs contre le mildiou à la bouillie bordelaise et surveillez les doryphores : traitez-les à la roténone dès leur apparition.

Récolte et conservation

Les rattes peuvent se récolter jeunes en pommes de terre nouvelles. En général, les pommes de terre se récoltent lorsqu'elles sont mûres (le feuillage est sec), à la houe pour de petites quantités ou de façon plus mécanisée pour des quantités importantes. Laissez sécher les tubercules quelques heures sur le sol (il ne faut surtout pas les stocker humides). Au ramassage, éliminez les tubercules malades et douteux, et mettez de côté ceux qui sont endommagés pour les consommer rapidement. La conservation s'effectue à l'abri de la lumière, dans un local ventilé, frais et sec mais à l'abri du gel.

Utilisation

Les pommes de terre 'Institut de Beauvais' et 'Reine des sables' se consomment de préférence en purée, en potage ou encore cuites à la diable au four. 'Ratte' et 'Vitelotte Noire' sont excellentes en vinaigrette, avec la raclette, sautées...

Les conseils du jardinier

- *Comme paillage, vous pouvez utiliser la consoude coupée en petits tronçons.*
- *Autrefois, en Auvergne, on récoltait la pomme de terre de conservation entre la Toussaint et la Sainte-Catherine. Les tubercules arrachés en fin d'automne n'ont pas besoin d'antigermes car les germes se développent tardivement.*
- *Pour les pommes de terre à chair ferme comme la 'Ratte' et la 'Cornes de gâtes', je conseille de mettre peu de fumier (très peu d'azote) ; les tubercules resteront plus fermes à la cuisson.*
- *Pour régénérer vos semences, ne plantez que les germes à intervalles de 20 cm.*

Salade aux deux pommes de terre

PRÉPARATION : 35 min

CUISSON : 20 min

INGRÉDIENTS (4 personnes)

500 g de pommes de terre 'Vitelotte Noire', 500 g de pommes de terre 'Ratte', 6 cuillères à soupe d'huile de pignon de pin, 2 cuillères à soupe de vinaigre de cidre, 1 cuillère à café de moutarde, 1 cuillère à café de graines de carvi fraîches, 2 ou 3 branches de cerfeuil, sel, poivre, fleur de sel, quelques pignons

- Lavez les pommes de terre et faites-les cuire séparément à l'eau salée.
Laissez-les refroidir, pelez-les, coupez-les en rondelles dans deux assiettes et réservez.

- Dans un bol, préparez la vinaigrette en mettant tous les ingrédients : huile, vinaigre, moutarde, sel, poivre, cerfeuil ciselé et graines de carvi ; mélangez bien, goûtez et rectifiez l'assaisonnement si nécessaire.

- Servez à l'assiette, en disposant harmonieusement les rondelles de pommes de terre froides.
Arrosez de la vinaigrette, ajoutez un peu de fleur de sel et parsemez de pignons de pin.

Potimarron

Cucurbita maxima (Duchesne) (famille des Cucurbitacées)

Originaire d'Amérique du Sud, cette courge coureuse produit des tiges qui rampent sur plus de 3 m. Les grandes feuilles, de couleur vert foncé, sont arrondies, les fleurs, monoïques, jaunes et d'assez belle taille. Les fruits moyens, en forme de figue ou de toupie, pointus du côté d'un ombilic protubérant, parfois légèrement côtelés, varient du rouge orangé au rouge brique et sont parfois finement rayés d'orange plus clair sur la moitié côté ombilic. La peau est fine et tendre, vaguement rugueuse. La chair, d'excellente qualité, épaisse de 3 cm, est ferme, de couleur orangée, farineuse et sucrée ; son goût rappelle celui de la châtaigne. Chaque plant peut porter de 2 à 6 fruits pesant de 1 à 4 kg, qui se conservent de 3 à 6 mois. La durée germinative des graines (dans un endroit sec) est de 5 à 7 ans.

Culture

Dans la deuxième quinzaine d'avril, semez 2 ou 3 graines dans des godets de 9 remplis d'un mélange de terreau (1/3), de terre de jardin (1/3) et de sable (1/3). Recouvrez les graines de 1 à 2 cm du même mélange, maintenez à la lumière du jour et à une température avoisinant 20 à 22 °C. Arrosez (sans excès pour éviter le pourrissement des graines). La levée demande 1 semaine environ. Ne conservez alors qu'un plant par godet. Lorsque les plants sont suffisamment forts et les risques de gelées écartés, repiquez-les en place, à bonne exposition, dans des trous préparés avec 2 fourchées de compost et espacés de 2 m en tous sens.

Vous pouvez effectuer un semis directement en place, dans les mêmes conditions, à partir de la première semaine de mai. Un paillage ou un « mulching » permettra de ne faire qu'un ou deux arrosages par semaine.

Récolte et conservation

Les fruits doivent être récoltés à maturité (ils sont meilleurs et se conservent mieux) ; coupez le pédoncule le plus long possible, laissez sécher les fruits coupés au moins une journée au soleil, puis rentrez-les et conservez-les à la lumière et au chaud, en prenant soin de ne pas cogner les fruits (cela les fait pourrir).
Il est possible de les conserver au congélateur, épluchés et coupés en dés, mais c'est en purée qu'ils se gardent le mieux.

Utilisation

On peut les consommer crus, râpés, en rémoulade ou en vinaigrette ; ou cuits, en purée, soufflés, gratin, potage, pain, brioche ou confiture.

Les conseils du jardinier

• *Ne taillez pas ou n'enlevez que ce qui gêne ; la plante ne conservera d'elle-même que les fruits qu'elle peut nourrir.*
• *Ne stockez pas les fruits les uns sur les autres.*

Brioche au potimarron

PRÉPARATION : 30 mn
+ 3 h (levée de la pâte)

CUISSON : 1 h 5

INGRÉDIENTS
(8 à 12 personnes)

125 g de potimarron, 125 g de farine, 1 sachet de levure de boulanger fraîche, 5 g de sel, 20 g de sucre, 2 œufs entiers + 1 jaune, 100 g de beurre + 1 noisette pour le moule

• Épluchez soigneusement le potimarron, coupez-le en morceaux et faites-les cuire à la vapeur 20 min environ. Laissez bien égoutter et passez au moulin à légumes. Réservez jusqu'à complet refroidissement.
Faites fondre le beurre au bain-marie et laissez refroidir.

• Versez la purée froide dans un grand récipient, ajoutez-y la farine, la levure, le sel, le sucre, les œufs entiers et le beurre fondu. Mélangez bien. Pétrissez à la main (ou à l'aide d'un pétrin ménager électrique) jusqu'à obtention d'une pâte souple et ferme. Couvrez d'un linge et laissez lever environ 2 h à une température de 25 à 30 °C (la pâte doit doubler de volume).

• Pétrissez à nouveau, puis mettez dans un moule à brioche légèrement beurré et fariné. Laissez à nouveau lever 1 h à la même température. Dorez avec le jaune d'œuf, à l'aide d'un pinceau.

• Préchauffez le four, thermostat 9 ; puis faites cuire 45 min, thermostat 7, en plaçant dans le four un ramequin d'eau afin d'obtenir une cuisson plus moelleuse. Démoulez quand la brioche est tiède et servez accompagné d'une gelée de framboise.

Potiron 'Galeux d'Eysines'

Cucurbita maxima (Duchesne) (famille des Cucurbitacées)

Cette courge française, de la région de Bordeaux, est coureuse ; on l'appelle encore « giraumon galeux d'Eysines », « courge brodée galeuse », « courge galeuse d'Eysines ». Ses tiges rampent sur plus de 5 m et portent de grandes feuilles vert foncé, arrondies et ondulées. Elle donne des fruits de 25 à 50 cm de diamètre sur 20 à 30 cm de haut, de forme sphérique, aplatis aux deux extrémités. La peau tendre, de couleur rose, est plus ou moins recouverte de grosses gales liégeuses. Le pédoncule cylindrique est liégeux lui aussi. La chair, excellente, très épaisse, de couleur jaune orangé, est fine, ferme, tendre et sucrée. Chaque plant peut porter de 3 à 5 fruits de 5 à 12 kg, qui se conservent de 2 à 4 mois.

Culture

À partir du 15 avril, à la lumière, semez 1 ou 2 graines dans des godets de 9, maintenez une température d'au moins 20 °C et un arrosage contrôlé pour éviter le pourrissement des graines. La levée demande de 1 à 2 semaines. Ne gardez alors qu'un pied par godet et maintenez des arrosages suffisants jusqu'à la plantation en pleine terre, à exposition ensoleillée, généralement vers la fin mai. Mettez en place dans des poquets préparés à l'avance avec 2 pelletées de compost et espacés de 2 m en tous sens.
Vous pouvez aussi semer directement en place, de fin avril à mi-mai, 2 ou 3 graines dans des poquets espacés de 2 m en tous sens. Par la suite, ne gardez que le plus beau pied (ou les 2 plus vigoureux) et arrosez régulièrement pendant toute la période de végétation qui dure de 3 à 5 mois.
Il est possible de tailler si la plante devient trop envahissante, cependant veillez au cours de cette opération à ne couper qu'après la feuille qui suit une fleur femelle ; mieux vaut se contenter d'enlever ce qui gêne.

Récolte et conservation

Les fruits doivent être récoltés à maturité, entre le 15 septembre et le 15 octobre, juste avant les gelées. Coupez le pédoncule des fruits mûrs le plus près possible des tiges. Laissez bien sécher les fruits coupés de 1 à 3 journées au soleil, puis rentrez-les et conservez-les à la lumière du jour, dans un local ventilé et chaud, entre 10 et 25 °C, en évitant de les cogner.

Utilisation

Les fruits se consomment cuits, en gratin, purée, potage, velouté, flan, confiture, etc.

Les conseils du jardinier

Cette variété est plus difficile à conserver car ses gales liégeuses gardent l'humidité qui précipite le pourrissement ; il faut surtout bien faire sécher les fruits et les conserver au sec.

Velouté au 'Galeux d'Eysines'

PRÉPARATION : 20 min

CUISSON : 30 min

INGRÉDIENTS (4 personnes)

1,5 kg de potiron 'Galeux d'Eysines', 1 tablette de bouillon de volaille, 1 l de lait, 1 gousse d'ail, 1 clou de girofle, 1 échalote, sel, poivre, pérille verte ou persil plat, noix de muscade, 30 cl de crème fraîche

• Lavez la pérille ou le persil plat.
Épluchez l'échalote, l'ail et la courge.
Coupez la courge en gros dés.

• Versez le lait dans un faitout, ajoutez la tablette de bouillon de volaille, l'échalote piquée du clou de girofle, la gousse d'ail éclatée, du sel, du poivre et la courge en dés.
Portez à ébullition et laissez cuire environ 30 min à feu doux, en remuant de temps en temps.

• Ôtez l'échalote avec le clou et mixez jusqu'à obtention d'un velouté onctueux.
Rectifiez si nécessaire l'assaisonnement.
Servez chaud, en ajoutant au dernier moment un filet de crème fraîche, un tour de moulin à poivre, un soupçon de muscade et un peu de pérille ou de persil finement ciselé.

Pourpier

Portulaca oleracea (Linné) (famille des Portulacacées)

L'origine de cette plante est incertaine et problématique ; elle nous viendrait peut-être de l'Inde, et en tout cas d'un pays chaud. Son nom vernaculaire, « pourpier », vient du latin *pullipedem* qui signifie « pied de poule » ; d'ailleurs, ne l'appelle-t-on pas « pipoule » en Périgord ? C'est une plante potagère herbacée annuelle, à croissance rapide et à port bas et tapissant. Ses tiges, pourprées et succulentes, sont rasantes ou peu élevées (20 à 30 cm). Ses feuilles épaisses, spatulées, longues de 3 cm, grasses, ovales-arrondies, de couleur vert brillant, opposées ou alternes, sont douces et rafraîchissantes. À leur aisselle, apparaissent de petites fleurs hermaphrodites, de couleur jaune vif, qui donnent des fruits en capsules arrondies ; ces fruits contiennent de nombreuses et très petites graines noires et luisantes dont la durée germinative est de 5 ou 6 ans.

Utilisation

Les tiges feuillues et les feuilles crues se mangent en salade, seules ou avec d'autres crudités ; elles sont à la fois rafraîchissantes, acidulées et épicées.
On les utilise aussi pour parfumer les sauces et les mayonnaises, et on peut les cuire et les manger comme les épinards ou dans les soupes.

Culture

Semez directement en place de début mai à fin juillet sur des rangs distants de 30 cm, en sol léger et frais, à exposition très ensoleillée ; semez clair, ne couvrez pas, mais plombez légèrement avec le dos du râteau et arrosez régulièrement en pluie fine. La levée demande 1 semaine.
Afin d'étaler les cueillettes, faites des semis moins importants, mais échelonnés (un toutes les 6 semaines, soit 3 en tout). Binez et arrosez pendant les périodes chaudes.

Récolte et conservation

Deux mois après le semis et selon les besoins, on récolte les tiges tendres, qui doivent être consommées rapidement.
On peut effectuer jusqu'à 3 coupes sur un même semis.

Les conseils du jardinier

Le pourpier est un coagulant du sang, et même s'il fait baisser le cholestérol, il ne faut pas en abuser.

Les radis

Radis d'hiver

Radis à chair rouge

Raphanus sativus (Linné) (famille des Brassicacées)

C'est un original et merveilleux radis asiatique (les radis sont très appréciés et très utilisés en Chine et au Japon). Les feuilles radicales (qui partent de la racine), dressées à partir du collet, sont longues de 30 cm environ, peu découpées, presque entières et de couleur vert foncé avec des côtes médianes arrondies. Les racines sphériques, d'un diamètre de 6 à 10 cm, ont une peau blanchâtre et un collet vert ; leur chair, de couleur rose à rouge vif, a un extraordinaire goût de radis noir et de pastèque mêlés. Ce radis peut se conserver en cave, dans du sable sec, jusqu'en mars. Sa couleur et son remarquable goût sont des attraits de poids pour une cuisine originale. Dans les catalogues, on le trouve sous le nom de radis 'Red Meat'.

Radis à chair verte

Raphanus sativus (Linné) (famille des Brassicacées)

Ce curieux radis asiatique complète l'originalité du précédent. Les feuilles plus longues (jusqu'à 50 cm), en rosette autour du collet, sont en partie retombantes, plus découpées (en forme de feuilles d'acanthe), à côtes médianes plus claires. Les racines, cylindriques, longues de 20 à 30 cm pour un diamètre de 8 à 10 cm, sont pour moitié hors de terre ; la partie hors du sol est de couleur verte alors que la partie souterraine est blanche. La chair est verte dans la partie supérieure et presque blanche côté racine ; fine et juteuse, elle est à la fois douce, sucrée et légèrement piquante. Ce radis se conserve très bien en cave. Il est commercialisé sous les noms de 'Green Meat' ou de 'Misato Green'.

Radis daïkon

Raphanus sativus (Linné) var. *acanthiformis* (Makino) (famille des Brassicacées)

C'est encore un radis japonais extraordinaire par sa taille. Les feuilles, très longues (plus de 50 cm) et très découpées, ressemblant à des feuilles d'acanthe, s'étalent en rosette sur le sol. Les racines, lisses et blanches, sortent en partie du sol ; elles peuvent atteindre une longueur de 30 à 60 cm pour un diamètre de 8 à 12 cm, et peser jusqu'à 15 kg. Leur chair blanche, croquante et juteuse, est très douce et agréable. C'est un radis d'été et d'hiver, à croissance rapide et grand développement ; s'il montre une assez bonne tenue en hiver, il ne se conserve pas aussi longtemps que les précédents dans le sable en cave. Variétés conseillées : 'Minowase Summer cross', 'Summer cross', 'April Cross', 'Okhura'.

Radis rond noir

Raphanus sativus (Linné) (famille des Brassicacées)

Cette variété de radis d'hiver figurait dans les catalogues à la fin du XIXe siècle. Les feuilles velues, très découpées, à pétiole assez long et fin, partant du collet, sont d'abord dressées puis s'étalent en rosette ample. La racine ronde, plus ou moins en forme de toupie, mesure 8 à 10 cm de diamètre. Sa peau est noire, gercée, un peu plus claire au collet. Sa chair est bien blanche et dure, avec un goût piquant très fort.

De culture facile, résistant bien au froid, d'excellente conservation, cette variété est aussi celle qui a le goût le plus fort parmi tous les radis. On la trouve couramment sous le nom de radis 'Noir gros rond d'hiver'.

Radis violet de Gournay

Raphanus sativus (Linné) (famille des Brassicacées)

Cette ancienne variété, aussi appelé radis 'Violet d'hiver de Gournay', est proche du radis 'Long noir d'hiver' ; elle figurait dans les catalogues à la fin du XIXe siècle. Les feuilles, longues, très découpées et velues, se dressent vigoureusement à partir du collet étroit. La racine cylindrique, effilée à la base, plus ou moins régulière dans des terres caillouteuses, mesure de 15 à 25 cm de long pour 8 à 10 cm de diamètre. Sa peau est violacée et rugueuse. Sa chair blanche et bien ferme a une saveur assez piquante. La culture de ce radis est simple ; il est résistant au froid et se conserve longtemps dans le sable sec en cave ou en silo.

Culture

Toutes ces variétés se sèment clair, en lune décroissante, de juin à août, sur des lignes espacées de 40 à 50 cm, en sol profond et frais, au soleil ou à mi-ombre. Pour ma part, je fais mes semis de radis d'hiver aux environs de la Sainte Marie-Madeleine, qui se situe le 22 juillet. Lorsque les plantes ont 4 ou 5 feuilles, éclaircissez à 15-20 cm sur les rangs. Pour les radis daïkon, prévoyez un espacement de 70 à 80 cm entre les rangs et de 40 à 50 cm sur les lignes.
Binez, sarclez et arrosez régulièrement en période estivale ; un paillage empêchera la terre de former une croûte.

Récolte et conservation

La durée germinative des graines de radis est importante (jusqu'à 10 ans).
La récolte peut commencer 3 mois après le semis, autour du 15 octobre (pour un semis effectué juste après le 14 juillet), un peu plus tôt pour les radis daïkon. Selon les besoins, on cueille les plus gros ; feuilles coupées, ils peuvent se conserver quelques jours au frais.
La récolte des racines destinées à la conservation se fait par temps sec, fin octobre-novembre ; coupez les feuilles à 2 cm du collet et laissez sécher les radis sur le sol 1 journée, puis rentrez-les en cave et conservez-les dans du sable sec.

Utilisation

Les radis se mangent crus, coupés en tranches, accompagnés d'une mayonnaise, à la croque-au-sel avec du beurre, ou râpés en vinaigrette, ou cuits, au four ou sautés.
On peut aussi les préparer en lacto-fermentation (procédé notamment utilisé dans la préparation de la choucroute) et les manger avec des viandes blanches.

Les conseils du jardinier

Vous pouvez commencer la culture des radis daïkon plus tôt, pour une production dès l'été, mais il faudra les arroser davantage.

Radis en amuse-bouche

PRÉPARATION : 15 min

INGRÉDIENTS (4 personnes)

1 radis à chair verte, 2 radis à chair rouge, 1 radis noir, 1 paquet de petites piques en bois

GARNITURES :

250 g de beurre doux, 125 g de fromage blanc, 1/2 cuillerée à café de curry, 100 g de crevettes, 60 g de roquefort, 10 cerneaux de noix, 5 ou 6 feuilles de coriandre fraîche, sel, poivre

Pour les garnitures :

• Broyez les crevettes décortiquées (réservez-en 10)

• Dans un bol, travaillez 125 g de beurre légèrement ramolli avec le curry et les crevettes, mélangez bien pour obtenir une pâte onctueuse. Réservez au frais.

• Travaillez les autres 125 g de beurre comme ci-dessus, ajoutez le roquefort émietté, mélangez énergiquement. Réservez au frais.

• Dans un troisième bol, versez le fromage blanc égoutté, ajoutez le sel, le poivre et les feuilles de coriandre finement hachées, malaxez bien. Réservez au frais.

Pour les amuse-bouches :

• Lavez et brossez chaque radis (ne les épluchez pas).

• Coupez séparément chaque radis en rondelles fines (faites 12 rondelles de chaque) au couteau ou à la « mandoline ». Incurvez chaque rondelle à l'aide d'une pique en bois.

• Garnissez 4 rondelles de chaque radis avec chacune des garnitures. Ajoutez 1 petite crevette décortiquée sur celles qui sont garnies avec le beurre de crevette, un cerneau de noix sur le beurre au roquefort et un morceau de feuille de coriandre sur le fromage blanc.

• Servez à l'apéritif ou en entrée.

Radis serpent

Raphanus sativus (Linné) var. *mougri* (Helm) (famille des Brassicacées)

Probablement originaire de Java, ce radis est une curiosité, mais pas une nouveauté, car cette variété, aussi appelée « radis mougri » ou « radis serpent rattail », figurait dans les catalogues avant 1900. On ne cultive pas ce radis pour sa racine fusiforme, peu développée et rapidement ligneuse, mais pour ses siliques (fruits en forme de gousses allongées des Brassicacées). Son développement est très rapide, et la première récolte peut avoir lieu 3 mois (voire moins) après le semis. Les feuilles, d'abord en rosette comme celles des autres radis, ne tardent pas à laisser s'élever une hampe florale dressée, rigide et ramifiée, dépassant 1,50 m de haut. Les fleurs, blanc rosé, sont groupées en longues grappes vigoureuses, d'abord dressées puis pliant sous le poids des nombreuses siliques, souvent violacées, à saveur piquante (comme les radis-racines) ; celles-ci mesurent jusqu'à 20 cm de long pour un diamètre de 2 cm. Les graines rondes, de couleur rose orangé, pouvant atteindre 4 mm de diamètre, ont une durée germinative de 7 ou 8 ans.

Culture

La culture est facile. Semez clair de mai à juillet, sur des lignes espacées de 50 à 80 cm, en sol profond et chaud, au soleil, et arrosez le semis. La levée est rapide : 4 ou 5 jours, 1 semaine au plus. Faites alors un traitement à la roténone le soir (1 h avant la tombée de la nuit) pour prévenir l'attaque des altises et répétez l'opération tous les 3 jours si nécessaire. Lorsque les plantes ont 4 ou 5 feuilles (elles sont à peu près sauvées des altises), éclaircissez à 10-15 cm sur les rangs. Binez, sarclez, buttez et arrosez régulièrement, en pluie (c'est aussi une façon de combattre les altises) jusqu'à la fleur, puis entre les rangs, pour le développement des siliques ; un paillage permet d'espacer les arrosages.

Récolte et conservation

Les siliques tendres et de belle taille se récoltent selon les besoins, régulièrement, au fur et à mesure de leur développement. Elles ne se conservent pas plus de 1 ou 2 jours dans une boîte hermétique, au frais.

Utilisation

Les siliques se mangent crues, en amuse-bouche, trempées dans du vinaigre balsamique, à la croque-au-sel avec du beurre, ou confites dans un vinaigre aromatisé.

Les conseils du jardinier

Faites, avant le semis, un léger apport de corne broyée torréfiée.

Radis serpent au beurre de bourrache

Préparation : 20 min

Ingrédients (4 personnes)

200 g de siliques de radis serpent, 1 petite boule de pain de campagne, fleur de sel, 125 g de beurre demi-sel, 2 poignées de fleurs de bourrache

- Sortez le beurre du réfrigérateur 2 h avant de commencer la préparation.

- Lavez les siliques de radis serpent et séchez-les. Triez et vérifiez les fleurs de bourrache.

- Ramollissez le beurre à la fourchette, ajoutez-y les fleurs. Roulez ce beurre dans une feuille d'aluminium et remettez-le au frais.

- Coupez le pain en tranches. Avec le beurre de bourrache, tartinez les tranches de pain de campagne et disposez-les sur un plateau. Ajoutez les siliques, le reste de beurre de bourrache, ainsi qu'une coupelle contenant un peu de fleur de sel.

Rave 'D'Auvergne'

Brassica rapa (Linné) (famille des Crucifères)

C'est l'une des plus volumineuses variétés de navets cultivées en France. Oh ! les bonnes soupes à la rave, les délicieuses raves poêlées à la hâte, les rafraîchissantes grattées de rave au couteau en gardant les chèvres ! Que de merveilleux souvenirs... La rave était alors cultivée en plein champ pour l'alimentation des vaches. Cette ancienne variété m'en paraît d'autant plus extraordinaire et je n'oublie jamais d'en semer dans mon jardin. La petite racine plate, déprimée au collet, est à peine aux 2/3 enterrée ; la partie située hors de terre est violacée ; elle mesure de 12 à 22 cm de diamètre pour une épaisseur de 7 à 10 cm. Le feuillage est ample et assez fourni, de couleur vert foncé. La durée germinative des graines avoisine 10 ans.

Culture

Par tradition en Auvergne, les raves se sèment dans la dernière semaine de juillet, vers la Sainte-Marie-Madeleine (22 juillet), en lune descendante. Le semis s'effectue clair, à la volée, après avoir mélangé les graines à du sable fin sec ; couvrez les graines en passant un léger coup de râteau et arrosez en pluie. La levée est assez rapide. Afin de combattre les altises, qui font de petits trous dans les feuilles, effectuez un traitement à la roténone, tous les 3 jours, jusqu'à ce que les plantes aient 4 ou 5 feuilles ; continuez alors les arrosages en pluie (le soir tard ou le matin de bonne heure) jusqu'à ce que les feuilles couvrent le sol, arrachez les grandes herbes et attendez que les racines grossissent.

Récolte et conservation

La récolte peut commencer autour du 1er octobre, selon les besoins ; on choisit alors les plus grosses racines (ces premières récoltes servent d'éclaircissage). Feuilles coupées, elles se conservent quelques jours au frais.
La récolte des racines destinées à la conservation se fait par temps sec, en novembre ; arrachez les racines, coupez les feuilles au ras du collet et laissez ressuyer les raves à même le sol toute la journée. Rentrez-les et laissez-les encore sécher 2 ou 3 jours en les étalant, puis mettez-les en cave et conservez-les dans du sable sec ou en silo.

Utilisation

Les raves se mangent crues, râpées, en vinaigrette, ou cuites : sautées, dans les soupes, les pot-au-feu, les ragoûts, le couscous, en purée, etc.
On peut aussi les préparer râpées, en lacto-fermentation, et les cuisiner comme une choucroute.

Les conseils du jardinier

Autrefois on ne jetait pas les épluchures des raves, on les faisait sécher et on les utilisait pour parfumer les potages pendant l'hiver. Aujourd'hui, je fais de longs rubans de rave au couteau, je les mets à dégorger avec un peu de gros sel, je les enfile sur une ficelle fine et je les fais sécher en les suspendant dans ma cheminée pour des utilisations ultérieures (ils se conservent dans une boîte au sec).

Rave confite au canard

Préparation : 30 min

Cuisson : 1 h

Ingrédients (4 personnes)

2 kg de raves d'Auvergne, 1 boîte de confit de canard (4 cuisses), 1/2 cuillère à café de quatre-épices, 10 grains de poivre, 10 baies de genièvre, 1/2 bouteille de vin d'Alsace (sylvaner ou gewurztraminer selon votre goût), 1 cuillère à soupe de gros sel

- Lavez, épluchez et râpez les raves à la grosse grille. Faites-les cuire à la vapeur pendant 20 min.
- Dans un poêlon, faites fondre doucement le confit de canard, sortez les cuisses, égouttez-les et réservez.
- Versez les raves dans ce poêlon, ajoutez les grains de poivre et de genièvre, les épices, le vin et le sel. Mélangez bien et laissez mijoter 25 min. Goûtez et rectifiez l'assaisonnement si nécessaire.
- Ajoutez les cuisses de canard sous la rave, laissez encore mijoter 15 min. Servez bien chaud.

Rhubarbe

Rheum rhabarbarum (Linné) (famille des Polygonacées)

La rhubarbe serait originaire d'Europe méridionale et d'Asie. Elle était autrefois cultivée comme plante médicinale, jusqu'à ce qu'on découvre, vers 1765, que ses pétioles étaient comestibles. Vers le milieu du XIXe siècle, les pétioles forcés devinrent un légume d'hiver en Angleterre. C'est une plante vivace par sa souche à rhizomes épais. Les feuilles radicales (issues de la racine) sont nombreuses (environ 25 par pied), toxiques, cordiformes, entières et de très grande taille : le limbe peut mesurer de 30 à 50 cm de diamètre, le pétiole vert rougeâtre, arrondi et canaliculé, de 30 à 50 cm de longueur pour 3 à 7 cm de largeur et d'épaisseur. Les inflorescences en grappes allongées, à fleurs insignifiantes, blanchâtres, donnent des graines ailées qui ont une durée germinative de 3 ou 4 ans.

Culture

On peut multiplier la rhubarbe par semis, au printemps, avec mise en place à l'automne ou au printemps suivant, mais en général, on a recours à la division des touffes, au sortir de l'hiver (en mars) ou au début de l'automne, après le 15 septembre (préférez le début du printemps) : il suffit alors de couper des éclats portant 1 à 3 bourgeons et de les planter en laissant les bourgeons affleurer la surface du sol, puis d'arroser copieusement. La rhubarbe préfère les sols profonds et frais avec une bonne fumure organique (20 à 30 tonnes à l'hectare), et elle se développe mieux à exposition ensoleillée.
La plantation s'effectue en isolé ou à intervalles de 1 m sur des rangs distants de 1,50 m. Entretenez la plantation par des binages et des sarclages ; un bon paillage est recommandé. Si vous n'utilisez pas votre rhubarbe comme plante décorative, pensez à couper les inflorescences dès leur apparition pour ne pas fatiguer vos pieds et obtenir un meilleur rendement.

Récolte et conservation

Les pétioles se récoltent en mai-juin ; coupez-les au ras du sol en les tirant et supprimez le limbe. Laissez les petites feuilles. Les pétioles se conservent quelques jours.
Une deuxième récolte peut avoir lieu après le 15 septembre.

Utilisation

Les pétioles s'utilisent épluchés et cuits : en confiture, en compote, dans des tartes, et même comme légume en accompagnement de gibier.

Les conseils du jardinier

La durée de culture de la rhubarbe est de 5 à 10 ans ; il faudra donc penser à son renouvellement dans ce large espace de temps.

Gâteau de rhubarbe et banane

Préparation : 1 h

Cuisson : 25 min

Ingrédients (6 personnes)

1 kg de rhubarbe, 1 kg de bananes, 1 biscuit de Savoie, 350 g de sucre, 1 bombe de crème chantilly, 1 cuillère à café de gingembre frais râpé, 1 citron et 1 orange non traités, 1 pincée de poivre, 5 feuilles de menthe

• Prélevez les zestes de l'orange et du citron, faites-les blanchir 5 min ; pressez les fruits et réservez.
Épluchez la rhubarbe et coupez-la en tronçons de 3 cm.
Épluchez les bananes et coupez-les en rondelles de 1 cm d'épaisseur ; gardez 6 tronçons de 2 cm et 1 banane qui sera coupée en rondelles au dernier moment.

• Dans un rondeau ou une sauteuse, mettez la rhubarbe, les bananes, le sucre, les jus d'orange et de citron, le gingembre et le poivre.
Faites cuire 20 min à couvert à feu doux, en tournant, et laissez refroidir.

• Coupez le gâteau de Savoie en 2 disques. Disposez l'un d'eux sur un plat de service et répartissez dessus les 6 tronçons de banane, garnissez de compote puis d'une petite couche de chantilly et posez le second disque par-dessus.
Étalez une autre couche de compote, décorez avec des rondelles de banane crue, le reste de chantilly et les feuilles de menthe.
Servez frais.

Pescajoux de foie gras aux noisettes, compote de pomme et rhubarbe

PRÉPARATION : 45 min

CUISSON : 15 min

INGRÉDIENTS (4 personnes)

480 g de foie gras de canard, 125 g de noisettes effilées, beurre, 20 cerneaux de noix

PÂTE À PESCAJOUX :

60 g de farine de maïs, 60 g de farine de sarrasin, 1 œuf, 10 cl de lait, 10 cl de crème fraîche

COMPOTE :

4 belles pommes, 500 g de rhubarbe, 1 dl de crème

SAUCE :

3 cl de vinaigre de cidre, 10 cl d'huile de noisette, 50 g de persil plat

• Délayez les deux farines avec l'œuf, le lait et la crème. Passez et réservez au froid.

• Réalisez une compote avec les pommes et la rhubarbe. Épluchez et coupez les ingrédients. Versez dans une casserole et faites cuire doucement 15 min en tournant de temps en temps. Passez au moulin à légumes puis ajoutez la crème en fouettant la compote. Réservez au chaud.

• Au moment de servir, trempez le foie gras divisé en morceaux (2 par personne) dans la pâte à pescajoux puis dans les noisettes effilées, faites sauter de chaque côté dans une poêle anti-adhésive très légèrement beurrée. Faites également sauter les noix.

• Préparez la sauce : mettez dans un bol haut le persil mixé le plus finement possible, ajoutez le vinaigre et l'huile, mélangez bien puis faites seulement tiédir.

• Dressez au centre des assiettes la compote, les morceaux de foie gras légèrement superposés, répartissez les noix et la sauce.

Recette de :

Michèle et Philippe Brun-Cacaud
Hôtel-restaurant du Haut Allier
43580 Le Pont-d'Alleyras
Tél. : 04 71 57 57 63
Fax : 04 71 57 57 99

Roquette

Eruca sativa (Miller) (famille des Brassicacées)

Originaire du pourtour méditerranéen, cette annuelle est utilisée depuis longtemps comme plante condimentaire. Ses feuilles, d'abord radicales (issues de la racine), en rosette, parfois oblongues et entières, souvent divisées en lobes profonds et échancrés, sont pétiolées et légèrement velues. La tige, dressée et ramifiée, haute de 50 cm à 1 m, porte d'abord des feuilles sessiles, puis des inflorescences en grappes s'allongeant en floraison échelonnée. Les fleurs blanches veinées de violet, à calice profond et corolle de 10 à 12 mm, donnent des siliques de 20 à 40 mm de long contenant des graines de couleur jaune à brune qui conservent une capacité germinative de 5 à 8 ans.

Culture

La roquette se sème directement en place en pleine terre, de début mars à fin août. Semez clair en lignes espacées de 20 à 30 cm, à exposition ensoleillée ou mi-ombragée (l'été) en sol riche et frais. Recouvrez légèrement les graines en plombant avec le dos du râteau et arrosez, si nécessaire, jusqu'à la levée qui est assez rapide. Continuez les arrosages réguliers, sarclez, binez. Lorsque les plantes ont 3 ou 4 feuilles, éclaircissez à 8-10 cm et buttez légèrement.
Procédez à de nouveaux semis de roquette toutes les 5 ou 6 semaines.
Les altises arrivent avec les beaux jours et perforent les cotylédons des jeunes plantules ; pour les préserver, il faut pratiquer un traitement à la roténone tous les 3 jours (au maximum) jusqu'à ce que les plantes atteignent 10 cm de hauteur. Bien entendu, il ne faut traiter que si cela est indispensable pour préserver les semis. Pratiquez des arrosages en pluie le soir tard ou le matin de bonne heure.

Récolte et conservation

La récolte commence 6 semaines à 2 mois après le semis et peut continuer tant que les feuilles sont tendres. On coupe les feuilles de la base que l'on utilise fraîches. Elles sont meilleures consommées dès la récolte mais peuvent se conserver dans un récipient hermétique, quelques jours, dans le bas du réfrigérateur.
Par la suite, les fleurs sont cueillies au fur et à mesure de leur éclosion ; leur conservation est de courte durée (1 journée).

Utilisation

Les jeunes feuilles tendres sont à la fois âcres et légèrement brûlantes ; on les mange crues dans des salades ou en accompagnement comme condiment avec des viandes froides.
Les fleurs sont plus fragiles, mais bien meilleures (elles sont en outre légèrement sucrées et plus décoratives) ; on les emploie de la même façon.

Les conseils du jardinier

Vous pouvez aussi utiliser les graines de roquette germées dans les salades ou en accompagnement de préparations froides.

Tétragone cornue

Tetragonia (Linné) *expansa* (Murray) (famille des Aizoacées)

Probablement originaire de Nouvelle-Zélande et d'Australie, la tétragone cornue fut ramenée en Europe à l'occasion d'un tour du monde du capitaine Cook en 1770. C'est une plante suffrutescente à croissance assez rapide, cultivée en annuelle, plutôt rampante ; ses tiges ramifiées, plus étalées que hautes, s'allongent sur plus de 1 m pour une hauteur de 30 cm. Les feuilles entières, ovales-triangulaires, épaisses (succulentes), sont alternes et d'un vert foncé brillant. Les fleurs hermaphrodites, solitaires à l'aisselle des feuilles, sont petites et de couleur vert-jaune ; elles donnent des fruits cornus, durs, noirs à maturité, de 5 mm, qui contiennent les graines. Ces dernières conservent leurs capacités germinatives pendant 4 ou 5 ans.

Culture

Les semis peuvent s'effectuer, à l'intérieur, en avril, à une température de 18 à 22 °C ; la germination des graines est facilitée et accélérée par un trempage de 48 h à l'eau tiède. Mettez 1 graine par godet de 9 dans un mélange de compost et de sable. La germination est longue et peut demander 1 mois. Ne plantez à l'extérieur qu'à partir du 15 mai, à intervalles de 80 cm à 1 m en tous sens, à exposition très ensoleillée. Les arrosages au sol devront être copieux. Vous pouvez aussi, à partir de mai, semer directement en place en lignes distantes de 1 m, à exposition ensoleillée et en sol riche, frais et profond, 2 ou 3 graines (préalablement stratifiées et soumises à trempage) tous les 80 cm ; recouvrez les graines de 5 à 10 mm de terre et arrosez, si nécessaire, jusqu'à la levée, qui peut être assez longue. Lorsque les plantes ont 3 à 5 feuilles, ne gardez qu'un plant par poquet ; les plants arrachés pourront être repiqués ailleurs aux mêmes distances que précédemment ou en décors dans les parterre de fleurs. Binez et effectuez un petit buttage ; les rigoles obtenues de part et d'autre de la ligne permettront les arrosages. Les plants ne demandent pas d'autres traitements.

Récolte et conservation

La récolte peut commencer 3 mois après le semis et se prolonger jusqu'aux gelées. On coupe les grandes feuilles et quelques extrémités de tiges tendres qu'il faut préparer assez rapidement. Face à l'abondance, on peut congeler le surplus après l'avoir préparé.

Utilisation

On mange les feuilles crues, dans des salades, seules ou mélangées à d'autres crudités, ou cuites à la façon des épinards.

Les conseils du jardinier

Pendant l'été, pratiquez des arrosages copieux ; le rendement et la qualité des feuilles en seront passablement améliorés.

Pavés de saumon à la mousse de tétragone

PRÉPARATION : 35 min

CUISSON : 25 min

INGRÉDIENTS (4 personnes)

1,2 kg de feuilles de tétragone, 4 pavés de saumon, 150 g de beurre, 1 citron, 10 cl d'huile d'olive, 1 blanc d'œuf, 2 cuillères à soupe de crème fraîche, sel, poivre

• Lavez les feuilles de tétragone. Réservez-en quelques-unes pour le décor.

• Dans une sauteuse, faites chauffer la moitié de l'huile avec une noix de beurre et faites fondre les feuilles de tétragone en remuant souvent. Salez, poivrez et laissez cuire 8 min.

• Versez la tétragone dans un saladier et mixez pour obtenir une purée ; incorporez à la spatule le blanc d'œuf battu en neige et la crème fraîche, rectifiez l'assaisonnement si nécessaire. Réservez au chaud.

• Poêlez les pavés de saumon dans un mélange d'huile et de beurre, salez, poivrez et laissez cuire 5 min sur chaque face. Réservez au chaud.

• Faites fondre le beurre restant sans bouillir, écumez et versez le jus du citron ; salez, poivrez et laissez frémir.

• Servez à l'assiette : à côté du pavé de saumon décentré, disposez 3 cuillères de mousse de tétragone moulées en quenelle, entourez le tout d'un filet de beurre blanc citronné et ajoutez 1 ou 2 petites feuilles de tétragone en décor.

Souchet comestible

Cyperus esculentus (Linné) (famille des Cypéracées)

Originaire du pourtour méditerranéen (il est appelé « chufa » en Espagne), le souchet est une plante vivace, mais non rustique. Ses feuilles raides, longues de 30 à 40 cm et étroites (5 à 10 mm) sont pointues et hérissées de poils raides sur les bords ; elles poussent en touffes d'une vingtaine de centimètres de diamètre. Les rhizomes, grêles et brunâtres, renflés par endroits, donnent de petits tubercules écailleux, tout au plus de la grosseur d'une noisette, de couleur ocre à brune ; leur chair est blanche, légèrement farineuse et sucrée, et prend en séchant un extraordinaire goût d'amande. Ces petits tubercules peuvent se conserver secs toute l'année.

Culture

À partir d'avril, plantez directement en place en lignes distantes de 50 à 60 cm, à exposition ensoleillée et en sol riche, frais et profond. Formez un sillon de 5 cm de profondeur, disposez de 3 à 5 tubercules (après un trempage de 2 ou 3 jours dans de l'eau tiède) tous les 35 cm environ, recouvrez d'un peu de terre sans tasser.

Arrosez en pluie, si nécessaire, jusqu'à la levée. Binez, sarclez et buttez au fur et à mesure de la croissance. Continuez les arrosages copieux, entre les rangs, pendant les périodes chaudes et sèches et arrachez à la main les herbes envahissantes.

Il n'y a pas d'autres soins à apporter qu'une surveillance régulière.

Récolte et conservation

La récolte des tubercules se fait de fin octobre à début novembre, en arrachant les touffes et en les secouant sur un tamis à mailles de 3 mm ; passez au jet d'eau, faites sécher au soleil ou à l'intérieur en couche mince sur une grille fine (à garde-manger), en les tournant régulièrement (il serait dommage qu'ils moisissent) ; conservez-les dans un sac en papier ou une boîte hermétique, éventuellement au congélateur.

Utilisation

Les tubercules de souchet se consomment crus ou grillés en amuse-bouche à l'apéritif ou dans des salades mélangées.

Réduits en poudre, ils remplacent les amandes dans les pâtisseries et les confitures.

En Espagne, ils entrent dans la fabrication d'une boisson nommée « horchata ».

Les conseils du jardinier

Les rhizomes, bien secs, se conservent plus longtemps au congélateur : j'en ai fait germer de 3 ans.

Les tomates

Tomates à petits fruits

Tomate 'Délice des jardiniers'

Lycopersicon esculentum (Miller) var. *cerasiforme*
(famille des Solanacées)

Cette plante à développement assez important produit un feuillage vert foncé, fourni, et des grappes de 6 à 10 (mais souvent jusqu'à 20 ou 40) petits fruits, des tomates-cerises rouges, de forme sphérique (2 à 3 cm de diamètre), de 15 à 35 g, qui ont un peu tendance à éclater après les pluies d'été. C'est une variété assez précoce (50 à 80 jours), offrant des récoltes étalées. Taillez de 2 à 6 tiges et conservez 5 ou 6 étages par tige. Cueillies juste mûres, les tomates sont fermes, juteuses et très fruités ; elles se mangent crues et font aussi d'excellentes sauces. Au frais, leur conservation est bonne.

Tomate 'Poire jaune'

Lycopersicon esculentum (Miller) var. *pyriforme*
(famille des Solanacées)

Cette variété de la fin du XIXe siècle produit de grandes feuilles et des grappes d'une dizaine de fruits piriformes jaunes, de 10 à 20 g, doux et sucrés, très décoratifs, à manger crus et à peine mûrs car ils ont tendance à devenir farineux. La plante est relativement précoce (70 à 80 jours) et peut avoir un développement assez important. La production est étalée et importante. Taillez de 2 à 6 tiges tuteurées, en gobelet, à 1,80 m de haut, et gardez 4 ou 5 étages de fruits. Vous pouvez aussi ne pas tailler ou bien palisser la plante en espalier comme un arbre fruitier.

Tomate 'Zluta kytice'

Lycopersicon esculentum (Miller) var. *pimpinellifolium*
(famille des Solanacées)

Cette plante à toutes petites feuilles fines et gaufrées adopte un port plutôt raide mais doit cependant être bien attachée à un tuteur car les petites tiges doivent supporter d'énormes grappes de fruits (jusqu'à plus de 100 de la grosseur d'une groseille jaune), pointus, assez sucrés et à peau tendre, qui mûrissent de manière échelonnée. Ne gardez que 2 ou 3 grappes par pied. Les tomates se consomment mûres, à l'apéritif, en décor ou pour les régimes sévères ; leur conservation est bonne au frais. En principe, cette variété de précocité moyenne (65 à 80 jours) ne requiert pas de taille, mais pour ma part je recommande d'enlever les gourmands du bas et de ne garder qu'une tige (sinon les grappes se trouvent à même le sol car il est difficile de les attacher).

Culture

À partir du 15 février, semez dans des caissettes remplies d'un mélange de terreau (1/3), de terre de jardin (1/3) et de sable (1/3), recouvrez les graines de 2 à 5 mm de ce mélange, arrosez et gardez au chaud et à la lumière (véranda, serre, pièce chauffée…). Dès que les plants ont 2 cotylédons ou une feuille, repiquez-les individuellement dans des godets de 9 remplis du même mélange et arrosez régulièrement jusqu'à la plantation en pleine terre, lorsque les gelées ne sont plus à craindre (autour du 15 mai). La plantation s'effectue à intervalles de 50 à 70 cm sur des rangs espacés de 70 à 80 cm ; avant d'installer le plant, mettez en place un tuteur d'au moins 1,50 m et ajoutez 2 à 4 poignées de compost au pied ; puis, la plantation réalisée, faites un bon arrosage. Par la suite, limitez les arrosages au strict minimum afin que les plants développent bien leur système radiculaire et par là même soient moins sensibles au manque d'eau.
Gardez la culture propre par des binages superficiels, attachez les tiges quand cela est nécessaire et effectuez un traitement préventif à la bouillie bordelaise contre les attaques de mildiou.

Taille à 2 ou plusieurs tiges
Quand la plante a bien repris, pincez (c'est-à-dire coupez) la tige principale au-dessus des 2 premières vraies feuilles (et non des cotylédons). Deux tiges vont se développer ; tuteurez-les et supprimez tous les bourgeons latéraux dès qu'ils mesurent de 2 à 3 cm, en veillant à ne pas couper les bouquets de fleurs. Ne gardez que 4 à 6 bouquets de fleurs par tige, et de toute façon étêtez au plus tard le 15 août. Maintenez cette taille pendant toute la saison. Vous pouvez aussi garder les 4 ou 5 premiers « gourmands » et les tuteurer pour ainsi obtenir 5 tiges que vous mènerez à la façon d'un fruitier en gobelet.

Récolte et conservation

On récolte les tomates au fur et à mesure des besoins et du mûrissement ; plus la consommation est proche de la récolte, meilleures elles sont. Toutefois, elles peuvent se conserver quelques jours dans un endroit frais et sec (bas du réfrigérateur, chambre froide, cave ventilée) si elles ne sont pas trop mûres.

Utilisation

Ces petits fruits s'utilisent beaucoup pour la décoration des plats ; ils se mangent crus à l'apéritif, en vinaigrette, farcis de différentes manières (ils sont excellents avec des fromages blancs aromatisés avec diverses plantes). Cuits, ils parfument les sauces et peuvent s'incorporer aux omelettes ou dans des tartes au fromage.

Tomates cocktail aux herbes

PRÉPARATION : 30 min

INGRÉDIENTS (4 personnes)

20 tomates à petits fruits ou tomates cocktail de couleurs et de formes variées, 1 pot de fromage blanc moulé à la louche, 10 feuilles de basilic, 10 feuilles de coriandre, 10 feuilles de ciboule de Chine, 1 cuillère à café de fleurs ou de graines de fenouil fraîches, 1 cuillère à café de graines de carvi fraîches, sel, poivre, 1 cuillère à soupe de crème fraîche

• Rincez les herbes aromatiques et ciselez finement les feuilles et les fleurs, au couteau, sans les mélanger.
Écrasez séparément les graines au pilon dans un mortier.
Égouttez le fromage blanc, versez-le dans un saladier, salez, poivrez, ajoutez la crème fraîche et mélangez bien.

• Partagez cette préparation en 5 parts égales, ajoutez à chacune d'elles une variété d'aromatique, mélangez bien, rectifiez l'assaisonnement si nécessaire et réservez au réfrigérateur pendant 1 h.

• Lavez et essuyez les tomates (en laissant si possible le pédoncule).
À l'aide d'un couteau pointu, décalottez les tomates, réservez les « chapeaux » et creusez légèrement les fonds en enlevant les graines et l'excédent de jus.

• Remplissez 4 tomates d'un mélange aromatisé et remettez les chapeaux, glissez une petite feuille ou une graine pour reconnaître la garniture et rangez-les sur un plat de service. Garnissez ainsi les 20 tomates.
Servez frais.

Tomates à gros fruits

Tomate 'Des Andes'

Lycopersicon esculentum (Miller) (famille des Solanacées)

Cette variété semi-précoce (70 à 90 jours) produit de longues tomates rouges, souvent réunies par 2 ou 3 en grappes, pouvant peser jusqu'à plus de 1 kg et renfermant très peu de graines. Le feuillage est très découpé, les étages de fruits sont espacés. La plante est sensible aux arrosages trop abondants et irréguliers (elle a alors tendance à prendre le « cul noir »), et en fin de saison, les fruits tombent souvent d'eux-mêmes alors qu'ils sont encore verts. Taillez sévèrement à 1 tige (4 ou 5 étages de fruits au maximum). De bonne qualité gustative, fermes mais contenant peu de jus, les tomates doivent être consommées très mûres. Elles se congèlent bien et sont très bonnes crues et cuites (bonne tenue à la cuisson).

Tomate 'Erica d'Australie'

Lycopersicon esculentum (Miller) (famille des Solanacées)

Cette variété semi-tardive (70 à 80 jours) donne de grosses tomates rondes aplaties, légèrement plissées, pouvant peser jusqu'à plus de 500 g et contenant peu de graines. D'excellente tenue en fin de saison, elle est rarement malade. Les feuilles sont larges, les étages de 2 à 5 fruits espacés ; ne gardez que 3 étages de fruits (4 ou 5 dans de bonnes conditions à l'extérieur) et taillez à 1 tige de façon très stricte. Les fruits offrent une chair ferme et juteuse, à la saveur fruitée associant le sucré et le piquant acide ; ils doivent être consommés mûrs et sont excellents dans toutes les préparations.

Tomate 'Golden Jubilee'

Lycopersicon esculentum (Miller) (famille des Solanacées)

Cette ancienne variété des États-Unis a obtenu un prix en 1945. Il s'agit d'une tomate de demi-saison (72 à 85 jours), au feuillage assez dense et bien vert. Les fruits sphériques aplatis, réunis par 3 à 6 en grappes, sont lisses, de couleur jaune foncé et pèsent de 100 à 250 g. La chair est ferme et juteuse, avec peu de graines ; elle a une saveur douce et légèrement sucrée. Tuteurée et taillée à 1 ou 2 tiges, la plante a une bonne productivité. Les fruits se consomment crus en vinaigrette, en sorbets ou en confitures.

Potage glacé à la tomate

PRÉPARATION : 30 min

CUISSON : 10 min

INGRÉDIENTS (4 personnes)

1 kg de tomates 'Erica d'Australie', 1 concombre, 10 cl d'huile d'olive, 1 citron vert, 1 morceau de sucre, 1 cuillère à café de maniguette (poivre), sel, 20 g de feuilles de basilic, 2 gousses d'ail, 2 cuillères à soupe de vinaigre de vin

• Rincez les tomates, enlevez le pédoncule et plongez-les 1 min à l'eau bouillante puis dans l'eau froide ; pelez-les, coupez-les en gros morceaux et épépinez-les.
Rincez le basilic et le concombre ; pressez le citron.

• Dans un mixeur, mettez les tomates, l'ail épluché, l'huile d'olive, la moitié du basilic, le sucre et réduisez en purée. Versez le contenu du mixeur dans une casserole, ajoutez le vinaigre, faites tiédir doucement, salez et poivrez à la maniguette, passez au tamis et réservez au frais.

• Coupez le concombre en petits dés sans l'éplucher.

• Servez, bien frais, dans une soupière, en ajoutant les dés de concombre et le reste du basilic finement ciselé.

Tomate 'Téton de Vénus'

Lycopersicon esculentum (Miller)
(famille des Solanacées)

Cette variété de précocité moyenne (65 à 80 jours) mais plus hâtive que la 'Cœur de bœuf' produit des tiges assez fines et un feuillage clairsemé ; les feuilles sont très longues et très découpées. Les fruits, en forme de cœur très pointu, bien lisses, de couleur rouge vif, pèsent de 70 à 300 g. Chaque étage compte de 2 à 4 fruits, en grappe pendante, très charnus et contenant peu de graines, qui doivent être consommés mûrs. Dotés de très bonnes qualités gustatives, ils se mangent crus ou cuits. Taillez à 1 branche et gardez au maximum 4 ou 5 étages de fruits.

Culture

À partir du 15 février, semez en caissettes ou en godets remplis d'un mélange de terreau (1/3), de terre de jardin (1/3) et de sable (1/3), recouvrez les graines de 2 à 5 mm de ce mélange, arrosez et gardez au chaud et à la lumière (véranda, serre, pièce chauffée...).
Dès que les plants ont de 2 cotylédons à 2 feuilles, repiquez-les individuellement dans des godets de 9 remplis du même mélange et arrosez régulièrement jusqu'à la plantation en pleine terre, lorsque les gelées ne sont plus à craindre (autour du 15 mai).
La plantation s'effectue à intervalles de 50 à 60 cm sur des rangs espacés de 70 cm ; avant d'installer le plant, mettez en place un tuteur d'au moins 1,50 m et ajoutez de 2 à 4 poignées de compost au pied ; puis, la plantation réalisée, faites un bon arrosage. Par la suite, limitez les arrosages au strict minimum afin que les plants développent bien leur système radiculaire et par là même soient moins sensibles au manque d'eau.
Gardez la culture propre par des binages superficiels, attachez les tiges quand cela est nécessaire et effectuez un traitement préventif à la bouillie bordelaise contre les attaques de mildiou.
Les tomates sont souvent attaquées par des larves de noctuelles : de couleur grise ou verdâtre, elles s'enterrent le jour et montent la nuit dans les pieds de tomate pour perforer les fruits, qu'elles mangent de l'intérieur (ceux-ci pourrissent souvent avant de mûrir). Pour les combattre, préparez des appâts en mélangeant de la poudre de pyrèthre avec du son et du sucre ; versez 1 cuillère à soupe de ce mélange dans des coupelles au pied des tomates les plus exposées.

Taille des tomates à 1 tige

Commencez la taille des « gourmands » (pincement) le plus tôt possible (dès que ceux-ci mesurent de 2 à 3 cm), en veillant à ne pas couper les bouquets de fleurs. Ne gardez que 3 à 5 bouquets de fleurs par pied, et, de toute façon étêtez au plus tard le 15 août. Maintenez ensuite cette taille pendant toute la saison.

Récolte et conservation

On récolte les tomates au fur et à mesure des besoins et du mûrissement ; récoltées avant complète maturité, elles peuvent se conserver de quelques jours à 2 semaines dans un endroit frais et sec (bas du réfrigérateur, chambre froide, cave ventilée). Cependant, il faut d'une manière générale manipuler les fruits avec précaution car les meurtrissures provoquent un pourrissement rapide.

Utilisation

Ces tomates se mangent crues, en vinaigrette ou en accompagnement d'autres crudités.
Cuites, elles se consomment farcies, en sauces, coulis, tartes, soufflés, potages, ratatouilles, jus, confitures, sorbets, etc.

Salade de cailles en tomate confite aux essences de géranium

PRÉPARATION : 30 min

CUISSON : 45 min

INGRÉDIENTS (4 personnes)

4 cailles, petites feuilles de géranium + 4 fleurs, 1 poivron rouge, 1 poivron vert, 1 courgette, 1 aubergine, 1 kg de tomates, quelques feuilles de sauge, ciboulette, romarin, vinaigre de xérès, huile d'olive, huile ou essence de géranium, pain de mie, beurre, quelques feuilles de salade frisée, sel, poivre

• Levez les filets des cailles et désossez chaque haut de cuisse par le pilon. Enroulez les filets dans du papier sulfurisé après y avoir placé quelques feuilles de géranium. Ficelez la cuisse et le haut de cuisse en y glissant une feuille de géranium. Faites-les sauter au beurre vivement.

• D'autre part, préparez la courgette, l'aubergine, les poivrons vert et rouge épluchés en brunoise (petits dés) ; faites-les cuire à l'huile d'olive, en ajoutant en fin de cuisson une brunoise de tomate (conservez 4 belles tomates entières et un peu de brunoise pour le décor).

• Émondez les tomates réservées, décalottez le haut en gardant le pédoncule. Salez, poivrez, ajoutez quelques feuilles de romarin et passez les tomates au four quelques instants ; ne les laissez pas trop cuire pour qu'elles gardent leur forme. Remplissez-les avec la brunoise de légumes.

• Préparez une bonne vinaigrette avec du vinaigre de xérès, de l'huile, du sel, du poivre et quelques gouttes d'huile ou d'essence de géranium.

Faites sauter des petits dés de pain au beurre.

• Préparez une petite chiffonnade de salade frisée, mettez-la au centre des assiettes. Posez sur chaque assiette une tomate farcie, mettez les 2 cuisses et 4 ou 5 rondelles de filet autour de la tomate, arrosez de vinaigrette ; décorez de dés de tomate, de petits croûtons, de ciboulette hachée et d'une fleur de géranium.

Recette de :
La Cognette
6, bd Stalingrad
36100 Issoudun

Ulluco

Ullucus tuberosus (Caldas) (famille des Basellacées)

Originaire d'Amérique du Sud, plus particulièrement des hautes terres andines, l'ulluco est vivace dans sa région d'origine, mais cultivé en annuelle en Europe où il a été introduit à plusieurs reprises sans succès. Des essais ont en effet été réalisés en France en 1848, concluant à une médiocre qualité gustative, et reprirent à différentes époques sans plus de réussite. C'est un légume-racine à tiges rampantes, drageonnantes, anguleuses, pourprées, qui s'enracinent à chaque contact avec la terre ; elles portent de petites feuilles alternes, épaisses, triangulaires-spatulées, de couleur vert pourpré brillant. Les tubercules se développent sur les drageons qui partent de la base des tiges ; ils sont ronds ou oblongs, de petite taille, à peau lisse, de couleur jaune vif, parfois tachetés de rose ou rose uni. Les feuilles et les tubercules sont mucilagineux. Les petites fleurs, qui naissent à l'aisselle des feuilles, ne donnent pas de graines sous nos climats. C'est une plante incontournable dans bon nombre de pays d'Amérique du Sud.

Culture

L'ulluco se cultive comme l'oca ou la pomme de terre. En avril, à exposition ensoleillée ou mi-ombre, plantez les tubercules directement en place, à intervalles de 30 cm, sur des lignes espacées de 50 à 70 cm, dans un sol léger et riche en humus. Binez et buttez légèrement, puis recouvrez les tiges de terre fine, au fur et à mesure qu'elles s'allongent, en les laissant sortir sur environ 20 cm. Arrosez entre les rangs par temps sec. La tubérisation (aux nœuds, sur toute la tige enterrée) ne commence qu'en jours courts, à partir de septembre, mais elle est très rapide. Vous pouvez aussi recouvrir les tiges de feuilles sèches ou de paille qui protégeront les plantes de la sécheresse puis des premières gelées pendant la tubérisation.
En Amérique du Sud, on cultive la plante en association avec les pommes de terre, les ocas, les capucines tubéreuses, ce voisinage permettant d'obtenir des rendements importants.
L'ulluco n'est pas sensible à des maladies particulières ; veillez seulement à combattre les limaces, qui ont tendance à manger les tubercules peu enterrés et les feuilles.

Récolte et conservation

La récolte des feuilles se fait au fur et à mesure des besoins.
La récolte des tubercules s'effectue en octobre-novembre , ils se conservent en cave, stratifiés dans du sable sec.

Utilisation

Les jeunes feuilles s'utilisent cuites en « brèdes » (en légumes verts) ou dans les salades.
Les tubercules se mangent cuits, essentiellement dans les soupes et les potages de pommes de terre.

Les conseils du jardinier

L'ulluco est avant tout une curiosité, mais il vaut la peine d'être cultivé pour rechercher de nouvelles utilisations et aller plus loin dans la connaissance de ce légume.

Tomatillo

Physalis ixocarpa, Physalis philadelphica (Lamarck) (famille des Solanacées)

Originaire du Mexique, le tomatillo y est cultivé et consommé depuis très longtemps par les Indiens. Arrivé en France il y a plus de 100 ans, il n'y est pas encore très connu et c'est à mon avis bien dommage. Cette plante à tige anguleuse, violacée, lisse, est dressée et ramifiée. Elle atteint jusqu'à 1 m de haut. Ses feuilles ovales-pointues, à large denture peu profonde et nervures marquées, sont d'un vert tendre. Ses fleurs jaunes, hermaphrodites, à corolle soudée, avec 5 taches brun verdâtre autour du cœur, se développent à l'aisselle des feuilles. Ses fruits ronds, légèrement aplatis, de couleur jaune-vert, plus ou moins violacés, mesurent de 2 à 7 cm de diamètre et font éclater le calice qui ne peut les contenir. La chair est juteuse, sucrée-acidulée, truffée de petites graines dures en forme de lentille, de couleur jaune paille, qui ont une durée germinative de 4 ou 5 ans.

Culture

À partir de début avril, semez en caissette ou en godets remplis d'un mélange de terreau (1/3), de terre de jardin (1/3) et de sable (1/3), recouvrez les graines de 2 à 5 mm de ce mélange, arrosez et gardez au chaud et à la lumière. Dès que les plants ont 1 ou 2 feuilles, repiquez-les individuellement dans des godets de 9 remplis du même mélange et arrosez régulièrement jusqu'à la plantation en pleine terre, à partir du 15 mai.
La plantation s'effectue à intervalles de 80 cm sur des rangs espacés de 80 cm à 1 m, à exposition ensoleillée. Au préalable, installez des tuteurs de 1 m, ajoutez 2 ou 3 poignées de compost à chaque pied puis, la plantation terminée, faites un bon arrosage.
Binez et arrosez si nécessaire, attachez les tiges au fur et à mesure de leur croissance.
Le tomatillo n'est pas fragile et ne demande aucun traitement particulier.

Récolte et conservation

On récolte en priorité les fruits tombés et ceux qui sont mûrs (ils prennent une couleur jaune) ; ils peuvent alors se conserver (sains et étalés en une couche) pendant 1 semaine au frais. Toutefois, il est préférable de les utiliser le plus rapidement possible.

Utilisation

Les tomatillos se consomment crus comme les tomates, en vinaigrette, seuls ou en mélange avec des tomates ou d'autres crudités ; cuits, ils entrent dans la préparation de sauces délicieuses et de chutney, en accompagnement de poisson et de viandes froides.

Les conseils du jardinier

Vous pouvez aussi faire pousser les tomatillos à l'intérieur d'un cylindre (d'un diamètre de 30 à 50 cm) de grille à mailles carrées de 100.

Sauce aux tomatillos

Préparation : 15 min

Cuisson : 45 min

Ingrédients
(4 pots de 240 g)

1 kg de tomatillos (sans leur enveloppe), 300 g d'oignons épluchés, 15 cl de vinaigre de cidre, 350 g de sucre, 3 cuillères à soupe de miel, 1 cuillère à soupe de gros sel, 1/2 cuillère à café de poivre gris moulu

• Coupez les oignons en rondelles fines. Lavez les tomatillos, coupez-les gros en dés, réservez les petits.

• Faites réduire les dés de tomatillos dans un petit rondeau (ou une sauteuse) à fond épais de façon à obtenir une purée compacte. Faites suer les oignons dans une poêle et laissez cuire 10 min à couvert.

• Ajoutez les oignons, le sucre, le vinaigre, le miel, le sel, le poivre et les petits tomatillos à la purée dans le rondeau et laissez cuire à feu doux pendant 25 à 30 min en tournant régulièrement.

• Mettez en pots à chaud, fermez hermétiquement, renversez les pots sur le couvercle jusqu'à mi-refroidissement.

Les conseils de la cuisinière : Servez cette sauce avec une viande blanche ou un poisson.

Topinambour patate

Helianthus tuberosus (Linné) (famille des Astéracées)

Originaire d'Amérique du Nord, le topinambour à été introduit en Europe, *via* la Hollande, par le Canada, au début du XVIIe siècle. C'est une plante potagère, vivace par ses tubercules mais à cycle annuel, qui ressemble au tournesol. On l'a cultivé et on le cultive encore pour ses rhizomes tubéreux malgré les mauvais souvenirs (d'ailleurs injustifiés) qu'il a laissés de la Seconde Guerre mondiale. Ses grandes tiges dressées, dépassant souvent 2,50 m, sont fortes, couvertes de poils et peu ramifiées (seulement à la base). Elles portent des feuilles longuement pétiolées, hispides, ovales, acuminées et serrulées, qui sont opposées à la base puis alternes. Les fleurs, réunies en petits capitules jaunes, s'épanouissent en fin d'été, mais ne donnent pas de graines sous nos climats. Les tubercules, de couleur jaune, sont arrondis, assez réguliers, d'assez bonne qualité, fins et parfumés, pour un rendement assez important. Ils contiennent de nombreuses vitamines et sels minéraux mais pas d'amidon ni de glucides, et de ce fait conviennent parfaitement aux diabétiques. Le topinambour est rustique et se multiplie par ses tubercules.

Culture

Cette plante est facile à cultiver. À partir du 15 mars et jusqu'à fin avril, plantez, en ligne dans des sillons de 10 à 12 cm de profondeur, 1 tubercule tous les 30 à 40 cm, les rangs étant distants de 60 à 80 cm. Le topinambour s'accommode des terres lourdes et de la mi-ombre, bien qu'il préfère un sol léger et une exposition ensoleillée. Binez, sarclez, buttez et paillez entre les rangs (avec des feuilles, de la paille ou du fumier très pailleux). La plante n'est pas sensible aux maladies ni aux prédateurs ; le seul problème se situe lors de l'arrachage : il faut bien récolter tous les tubercules, car le moindre morceau « repartirait » l'année suivante.

Récolte et conservation

Les récoltes peuvent commencer à partir de fin octobre et s'étaler jusqu'à fin mars. Ne récoltez que la quantité nécessaire, sinon conservez les tubercules dans la tourbe. Il est toujours préférable de les consommer dans les 2 jours qui suivent l'arrachage.

Utilisation

Les topinambours se consomment cuits : froids en vinaigrette ou chauds en légume d'accompagnement, sautés au beurre, à la crème, en ragoûts, au jus, en purée, en beignets…
On peut les mettre en lacto-fermentation ou en pickles avec d'autres légumes en dés et les consommer en accompagnement de viandes. Confits au vinaigre, ils s'utilisent comme les cornichons.

Les conseils du jardinier

Je vous recommande de cuire le topinambour au préalable à l'eau salée en ajoutant quelques feuilles d'épazote (Chenopodium ambrosoides) *afin de limiter les flatulences et les ballonnements.*

Meunière de sole aux topinambours et au lard

PRÉPARATION : 45 min

CUISSON : 30 min

INGRÉDIENTS (4 personnes)

600 g de topinambours, 1 oignon haché fin, 40 g de beurre + 80 g de beurre clarifié, 150 g de lard demi-sel, 4 soles de 200 g, 5 cl d'huile d'arachide, 1 poignée de farine, sel, poivre

MEUNIÈRE :

10 g de beurre fin, le jus de 1 citron, 1 cuillère à soupe de persil haché

Pour les topinambours :

- Épluchez les topinambours, taillez-les en petits dés et mettez-les aussitôt dans de l'eau pour éviter qu'ils ne rougissent.

- Dans une poêle, mettez à chauffer le beurre cru à feu vif, ajoutez les topinambours préalablement égouttés et épongés. Faites-les rissoler comme des pommes de terre afin d'obtenir une légère coloration, puis continuez la cuisson à couvert, après avoir ajouté l'oignon haché et salé légèrement.

- Taillez le lard en petits dés, recouvrez-les d'eau froide et mettez-les à blanchir. Égouttez-les après ébullition et ajoutez-les aux topinambours. Gardez le tout au chaud.

Pour les soles :

- Tirez et enlevez la peau noire des soles, écaillez la peau blanche. Videz, lavez et épongez les soles. (Ces opérations peuvent être réalisées par le poissonnier.) Farinez les poissons.

- Mettez une poêle antiadhésive à chauffer avec l'huile et le beurre clarifié ; dès que la matière grasse est chaude, déposez-y les soles du coté où la peau noire a été enlevée ; prenez la précaution de mettre un petit morceau de pomme de terre sous la queue pour éviter qu'elle ne noircisse trop vite. Laissez colorer légèrement. Retournez délicatement les soles à l'aide d'une longue spatule en fer. Salez et poivrez. Arrosez les soles avec le beurre de cuisson.

- Sortez les poissons et déposez-les dans un plat chaud. Écartez les deux filets, enlevez toute l'arête centrale, placez les deux filets restants sur le plat de service chaud, couvrez de topinambours et de lard, déposez dessus les deux autres filets.

- Reprenez la poêle, enlevez le beurre de cuisson, mettez à chauffer 10 g de beurre frais ; dès qu'il mousse, ajoutez le jus de citron, le persil haché et versez le tout brûlant sur les soles. Servez aussitôt.

Recette de :
Régis Marcon
Auberge et Clos des Cimes
43290 St-Bonnet-le-Froid
Tél. : 04 71 59 93 72
Fax : 04 71 59 93 40

Carnet d'adresses

Produits de jardin destinés à la culture biologique

- **Biotero, 23, rue du Vieux-Sainte-Marie, 76190 Yvetot**
  Compost, paillette de lin...

- **Contact vert (DSAT services), BP 54, 49800 Trélazé**
  Actibêche, compost, fertilisants, purin d'ortie, insecticide végétal...

- **La Ferme de Sainte-Marthe, BP 10, 41700 Cour-Cheverny**
  Engrais organiques, compost bio, insecticides végétaux, purin d'ortie, engrais verts...

- **Magellan SA, Zone artisanale Les Landes, 24290 La Chapelle-Aubareil**
  Engrais organiques, amendements, insecticides végétaux, pièges à insectes, toiles de paillage et anti-insectes...

- **Reviron Tissage, 34, avenue du Stade, 43600 Sainte-Sigolène**
  Toiles de paillage et d'ombrage, collerettes, films plastiques, filets anti-érosion, brise-vent, toile de jute, tontines, conteneurs, nappe d'irrigation...

- **Victor le Jardinier, BP 115, 14200 Hérouville-Saint-Clair**
  Engrais organiques, compost, insecticides végétaux, purin d'ortie, engrais vert...

Semences (vente par correspondance)

- **Association Kokopelli, Quartier Saint-Martin, 07200 Aubenas**
  L'association édite un répertoire, livre-catalogue de 400 pages qui présente 700 variétés de tomates et constitue aussi un manuel de production de semences de nombreuses plantes potagères, connues ou plus rares, pour le jardin familial.

- **Association Mémoire Verte, 68, rue de l'Égalité, 91600 Savigny-sur-Orge**
  Échanges de semences entre adhérents de l'association.

- **Le Biau-Germe, Fauret, 47360 Montpezat**
  Catalogue de semences de courges, autres plantes potagères et de culture biologique.

- **Ducrettet Colegrave, ZAE des Cinq-Chemins, Margencel, BP 69, 74200 Thonon-les-Bains**
  Vente de graines, plants et chromos aux professionnels, centres horticoles, services parcs et jardins des villes...

- **La Ferme de Sainte-Marthe, BP 10, 41700 Cour-Cheverny**
  Catalogue proposant de nombreuses variétés de courges, légumes rares et graines issues de l'agriculture biologique.

- **Graines Baumaux, BP 100, 54062 Nancy Cedex**
  Catalogue de graines très riche en plantes légumières, courges et légumes anciens, ainsi qu'en fleurs.

- **Graines Voltz, 25, rue Denis-Papin, BP 1607, 68016 Colmar Cedex**
  Vente de semences potagères, aromatiques ou florales et de jeunes plants aux professionnels et aux collectivités.

- **Graineterie A. Ducrettet, ZI Châtelaine, 14, rue René-Cassin, 74240 Gaillard**
  Vente de graines de légumes – nombreuses variétés de courges –, fleurs, aromatiques et plants de fleurs aux professionnels, municipalités...

- **Le potager d'un curieux (J.-L. Danneyrolles), La Molière, 84400 Saignon**
  Catalogue de graines de quelques Cucurbitacées, plantes potagères et de culture biologique.

- **Terre de Semences, 131, impasse des Palmiers, 30100 Alès**

- **Victor le Jardinier, BP 115, 14200 Hérouville-Saint-Clair**
  Catalogue de produits fertilisants, amendements, insecticides végétaux pour pratiquer la culture biologique, quelques variétés de courges et autres plantes potagères.

Bibliographie

- *Le Bon Jardinier,* encyclopédie horticole, 153e édition, La Maison Rustique, 1992, 2882 pages.
- *Jardins de cuisiniers,* Georges Herscher et Patrice de Nussac, Actes Sud, 1999, 190 pages.
- *Légumes,* Roger Phillips et Martyn Rix, La Maison Rustique, 1994, 265 pages.
- *Les Plantes alimentaires chez tous les peuples et à travers les âges, Les Légumes,* Désiré Bois, COMEDIT, 1995, SNHF, 593 pages.
- *Le Potager au naturel,* Victor Renaud, Éditions Camugli, 1982, 304 pages.
- *Le Potager par les méthodes naturelles,* Victor Renaud et Christian Dudouet, Éditions Rustica, 1995, 350 pages.
- *Les Plantes potagères,* Vilmorin Andrieux et Cie, éditions 1900, 1989, 804 pages.
- *Les Secrets de mon jardin potager,* Victor Renaud, Éditions du Chêne, 1997, 275 pages.
- *Le Traité Rustica du jardin,* Éditions Rustica 1998, 542 pages.
- *Trésor de courges et de potirons,* Bruno Defay, Éditions Terre vivante, 1993, 94 pages.

Des mêmes auteurs :

- *La Cuisine des courges,* Éditions Rustica, 1996, 159 pages.
- *Les Courges,* avec la collaboration de Victor Renaud, Éditions Rustica, 1998, 315 pages.
- *Le Grand Livre des courges,* avec la collaboration de Victor Renaud, Éditions Rustica, 1996, 183 pages.

Index des plantes citées

Index des recettes

Crédits photos

Toutes les photos ont été prises par C. Hochet/Rustica au Jardin botanique du Ranquet (Nicole et Jean-Baptiste Prades – Bavat – 43300 Saint-Arcons-d'Allier), sauf pp. 6, 8, 28, 41, 47, 55, 60, 62, 77, 98, 107, 122, 131, 142, 152, 163 bas, 171 ;
pp. 10, 143 : P. Asseray/Rustica ;
pp. 89, 159 : F. Boucourt/Rustica ;
p. 51 : I. Devaux/Rustica ;
p. 26 : A. Ducrettet ;
pp. 14, 24, 32, 42, 48, 58, 87, 99 haut, 102, 163 haut : J.-B. Prades ;
pp. 50, 59 bas, 116, 133 bas, 155 : V. Renaud.

En couverture : photos de C. Hochet/Rustica.

Conception graphique et réalisation : E. Mouton/Graphic garage.
Maquette de couverture : A. Lescornez/Rustica.

Imprimé en octobre 2000
par ***Partenaires-Livres***®/cl